Christa Rinklin

uffg'weckdi Kerli

Auf Stippvisite bei Bäckermeistern
im Breisgau und Kaiserstuhl

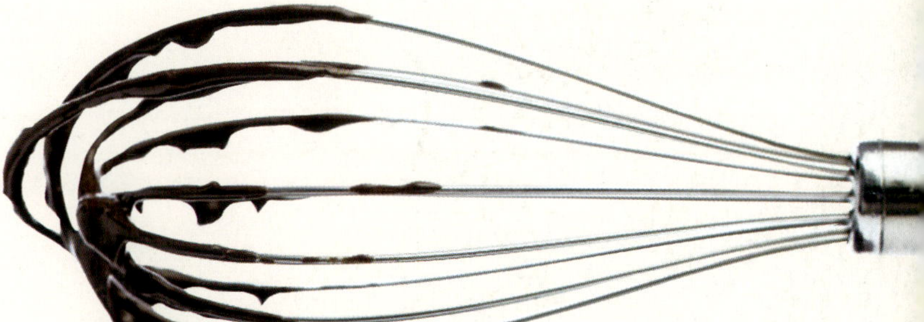

LAVORI VERLAG · FREIBURG i. Br.

Meinem Opa Max

ISBN: 978-3-935737-60-9

Vorgeheizt

Was mein Großvater, der seinerzeit so beliebte Ochsenwirt Max Hess, wohl dazu gesagt hätte, dass seine Enkelin einmal ein Buch über Bäckermeister schreibt? Er, der selbst gelernter Bäckermeister war, hätte wahrscheinlich seine helle Freude daran gehabt und jedem seiner Kollegen auf die Schulter geklopft angesichts des Engagements und Herzbluts, das er in den Backstuben angetroffen hätte.

Es ist diese behagliche Wärme, das pralle Glück in Teigform und ein Duft, der nach Geborgenheit riecht, was den Besuch einer Bäckerei zu einem Erlebnis für alle Sinne macht. Schon als Kind war der Bäckerladen für mich ein gefühltes zweites Wohnzimmer, in dem man gerne länger verweilt hätte, um all den Schneckennudeln, Streuselteilchen und Zuckerringen ausgiebig „Hallo" zu sagen und zu schauen, was sich denn noch so alles in den übrigen Regalen findet.

Was ich heute bei meinen Stippvisiten in den Traditionsbäckereien des Breisgaus und Kaiserstuhls immer wieder bemerkt habe: Eine Bäckerei ist keinesfalls „nur" eine Bäckerei. Hier finden vielmehr Begegnungen statt, die dem Alltag etwas geben, das er braucht: Kommunikation. Wildfremde Menschen kommen beim Anstehen plötzlich miteinander ins Gespräch und scherzen, einsame Senioren genießen den Lichtblick, dass ihnen jemand zuhört, Kinder machen ihre ersten geschäftlichen Gehversuche und Berufstätige brechen bei einer Tasse Kaffee und einem Lächeln für eine Viertelstunde aus ihrem Hamsterrad aus.

Viele Stunden zuvor sind fleißige Männer und Frauen in den Backstuben gestanden, um dem Lieblingsbrot, den Pausenbrötchen und süßen Träumen ihrer Kunden Form zu geben. In einer Mischung aus anstrengender Arbeit und Begeisterung für ihr Handwerk erzeugen sie tagtäglich Backwaren, in denen nicht nur eine jahrtausendealte Kulturgeschichte steckt, sondern die jedem, der sie verzehrt, (Aus)Wirkungen wie Kraft, Freude und Genuss bescheren.

Selbstverständlich hat sich vieles seit meinen Kindheitstagen verändert. Bäcker kommunizieren heute auch im Internet mit den Kunden oder fahren mit ihren Verkaufsmobilen übers Land. Die Kreise sind größer gezogen worden, da der Backwaren-Markt von immer mehr Anbietern entdeckt wird, die meist seelenlos und distanziert von Konzernzentralen aus die Bevölkerung zu versorgen versuchen.

Umso wichtiger ist es, genau hinzuschauen, durch wen, wo und wie gebacken wird. Ein Dorf oder eine Stadt ohne diese heimeligen, kleinen Bäckereien, in denen man noch nach alter Väter Sitte und mit Liebe backt? Man mag sie sich nicht vorstellen. Bleiben Sie deshalb „Ihrem" Bäckermeister treu! Die Rezepte dieses Buches sollen schon einmal Lust auf gute Qualität und Freude am Genuss bereiten.

Christa Rinklin

Oktober 2014

Bäcker-Gesellenprüfung 1921
(Opa Max stehend 2.v.r.)

Bäcker-Meisterprüfung 1928
(Opa Max rechts sitzend)

Opa Max (rechts) in seiner Gesellenzeit, 1920er Jahre

Aller Brote Anfang

Frühgeschichtliche Funde geben Anlass zur Vermutung, dass verschiedene Kulturen unabhängig voneinander das Backen von Brot für sich entdeckten. Die ursprünglichste Form, sich von Getreide zu ernähren, war der Getreidebrei. Ließ man ihn auf einem heißen Stein oder in der Asche des Feuers trocknen, entstanden Fladen. Durch Zufall konnte es durch in der Luft vorkommende Hefepilze und Milchsäurebakterien zu Gärungsprozessen kommen, die den Teig lockerten und aufgehen ließen. Diese Voraussetzung für die Herstellung von Brot wurde dem Menschen allmählich bewusst.

Bereits im Alten Testament ist von den Kornspeichern Ägyptens und dem Bäcker des Pharao zu lesen. Brot war im Alten Ägypten Grundnahrungsmittel, Naturalwährung und Opfergabe zugleich. Die Brotkultur der Ägypter, die man auch die „Brotesser" nannte, wurde von den Griechen übernommen, die sie ihrem Geschmack anpassten und an die Römer weitergaben. Bereits bei den Griechen und Römern kannte man in den Städten gewerblich betriebene Bäckereien, die für die Versorgung der Bevölkerung mit Brot zuständig waren.

Als die Germanen mit den Römern zusammenstießen, kannten sie nichts anderes als Hafergrütze. Die römische Backkultur hielt jedoch Einzug und etablierte sich nördlich der Alpen. International gilt Deutschland heute als das Land, in dem die meisten Brotsorten gebacken werden. Gründe hierfür liegen in der Getreidevielfalt, in der Kleinstaatlichkeit vergangener Zeiten mit ihren unterschiedlichen Backkulturen und nicht zuletzt in der Qualifikation und Kreativität der deutschen Bäckermeister.

Die Hofbäckerei des König Ramses (Grabmalerei)

Vom Klosterknecht zur Handwerkszunft

Der Beck.

Zu mir rein/wer hat Hungers not/
Ich hab gut Weiß vnd Rücken Brot/
Auß Korn/Weitzen vnd Kern/bachen/
Gesaltzn recht/mit allen sachen/
Ein recht gewicht/das recht wol schmeck/
Sem̃el/Bretzen/Laub/Spuln vñ Weck/
Dergleich Fladen vnd Eyerkuchn/
Thut man zu Ostern bey mir suchn.

Das Brotbacken ist in Deutschland seit der Zeit von Karl dem Großen (747/48-814) in Schriften überliefert und war damals noch eine Arbeit, die Leibeigene oder Klosterknechte verrichten mussten. Klöster hatten bereits eigene Mühlen, Bäckereien und Brauereien, die für das Wohl der Mönche und für die Speisung von Pilgern und Armen sorgten. Erst mit dem Wachstum der Städte entwickelte sich ab dem 10. Jahrhundert der Bäckerberuf zu einem „freien" Berufsstand. Der „Beck" (kurz für „Becker") oder „Pfister" (vom lateinischen „pistor") backte das Brot in der Regel in stadteigenen Öfen, da er sich keinen eigenen leisten konnte. Die ärmere Bevölkerungsschicht, die kein Geld für den Kauf von Brot hatte, aß weiterhin Brei.

Der Bäcker (mit Versen von Hans Sachs)

Schutz und Strenge durch die Zünfte

Im 12. Jahrhundert begann man, Zünfte zu gründen, denen man angehören musste, wollte man ein Handwerk ausüben. Unter den Bäckern kam es zu Spezialisierungen, und so unterschied man Schwarz- und Sauerbäcker, die Roggen- und halbweiße Brotsorten herstellten, Weiß- und Süßbäcker, die Hefeteig- und Milchbrotwaren sowie Kuchen fertigten. In Süddeutschland bildete sich zudem die Zunft der „Lebküchner und Pfefferküchler", während sich in den Hansestädten die Bäcker von Schiffszwieback als „Hartbäcker" zusammenschlossen.
Durch strenge Vorschriften, die Verkaufszeiten, Qualität, Brotpreise, -maße und -gewichte regelten, wurde den Bäckern stets genau auf die Finger geschaut. Verstöße wurden mit harten und demütigenden Strafen geahndet. Oft wurden schon bei geringen Vergehen Geschäftssperren verhängt oder gar dem Gesellen, dem Meister oder der Meisterin ein Ohr abgeschnitten. Berüchtigt war die „Bäckertaufe": Der Verurteilte wurde in einem Holzkäfig ins Wasser getaucht oder saß in einem Korb über einer großen Jauchepfütze, in die er springen musste, sobald er fort durfte.

Teil des Stadtbildes

Im Mittelalter war es üblich, dass der Bäcker seine Waren auf speziellen Brotmärkten (Brotbänken, Brotlauben, Brothallen) feilbot oder sein Gebäck direkt aus der Backstube heraus, durch Tür oder Fenster, verkaufte. Dazu gaben die Bäcker mit ihren Bäckerhörnern Signale, um ihren Kunden anzuzeigen, dass Backwaren ofenfrisch zu haben waren oder der Ofen angeheizt war, damit Frauen den daheim zubereiteten Teig zum Backen bringen konnten.

Im Laufe des 17. Jahrhunderts richtete man von der Backstube räumlich getrennte Ladengeschäfte ein, in denen eine noch größere Auswahl an Broten und Gebäcken angeboten werden konnte. Die zunehmende Industrialisierung seit dem 19. Jahrhundert und die veränderten Verbrauchergewohnheiten verlangten von den Bäckereien, neue Vertriebswege zu finden. So gewannen der Straßenverkauf und die Auslieferung „frei Haus" an Bedeutung. Die ersten Filialen in den neuen Wohngebieten der wachsenden Städte entstanden.

Gerrit Berckheyde: Bäcker mit Signalhorn, 17. Jhd.

Löwenstarke Bäcker

In ihren Wappen zeigen die Handwerkszünfte die charakteristischen Produkte oder Werkzeuge ihres Berufes. Die in diesen Emblemen verwendeten Symbole sollten den Stolz und die gesellschaftliche Stellung der Handwerker widerspiegeln. Typisch für das Bäckerwappen ist die Brezel, aber auch andere Gebäcke in Dreiecks- und Vierecksformen oder einfache Wecken tauchen darin auf. Weitere Bestandteile sind eine Krone, zwei Löwen und zwei gekreuzte Schwerter. Weil die Bäcker im Jahr 1529 tapfer wie die Löwen bei der Belagerung Wiens kämpften, soll Karl V. ihnen die Löwen für das Wappen verliehen haben. Bei der zweiten Belagerung durch die Osmanen soll Kaiser Leopold I. als Dank für ihren Mut und ihre Einsatzbereitschaft den Bäckern gestattet haben, die Schwerter in das Wappen aufzunehmen.

Verschlungene Legende

Um die Entstehung der Brezel, das Symbol der Bäcker schlechthin, ranken sich zahlreiche Mythen. Die Ursprünge scheinen im Ringbrot zu liegen, das zu kultischen Handlungen im antiken Rom verwendet wurde und bereits im 2. Jahrhundert als Brot für das Abendmahl der frühen Christen diente. Eine Legende besagt, dass es sich bei der Brezel um das Abbild der zum Gebet gekreuzten Arme eines Mönches handle. In einer anderen Version wird die Geschichte von Bäcker Frieder erzählt, der in Urach bei einem Grafen in Ungnade gefallen und zum Tode verurteilt war. Nur wenn er es schaffen würde, innerhalb von drei Tagen ein Gebäck zu bringen, durch das dreimal die Sonne scheinen kann, könne er sein Leben retten. Gesagt, aber nach fast drei Tagen immer noch nicht getan! Frieder sah seine ungeduldige Frau mit gekreuzten Armen im Türrahmen stehen, und dann warf auch noch die Katze versehentlich das Blech mit der endlich entworfenen Backkreation in die Laugenwanne. In seinem Frust schob der Bäcker die verlaugten Teiglinge einfach in den Ofen. Die Laugenbrezel war geboren.

Badisch organisiert

Mit der Einführung der Gewerbefreiheit im 19. Jahrhundert wurden vielerorts die Zünfte aufgelöst. Um die öffentliche Interessenvertretung zu stärken und wieder eine gemeinsame Maßgabe für Ausbildung und Produktion zu haben, wurden Handwerkskammern eingerichtet. Heute sind die Bäcker bundesweit im Zentralverband des deutschen Bäckerhandwerks, in Landesinnungsverbänden und regionalen Bäckerinnungen organisiert.

Im Jahr 1863 wurde zwischen Schwarzwald und Kaiserstuhl die Bäckerinnung Emmendingen gegründet. 1882 schlossen sich die Nachbarkollegen zur heutigen Bäcker-Innung Freiburg – Breisgau-Hochschwarzwald zusammen, der sogar ein eigener Chor, die Sängerrunde der Bäckerinnung Freiburg 1906 e.V., entsprang.

Viel Herzblut steckt im privaten **Bäckereimuseum**, das der Bäckermeister Walter Leimenstoll in Vörstetten bei Freiburg eingerichtet hat. Es lädt ein zu einer Reise in die Backstuben der alten Meister und zeigt die technische Entwicklung des Bäckerhandwerks im 20. Jahrhundert.

Satt machen war gestern!

Waren die Bäcker in früheren Zeiten da, um hungrige Leute satt zu bekommen, sehen sie sich heute vor die Herausforderung gestellt, satte Leute hungrig zu machen. Sättigungserscheinungen sind in allen Lebensbereichen des modernen Menschen anzutreffen, davon ist vor allem die Lebensmittelversorgung betroffen. Gerade die Ernährungsgewohnheiten sind einem steten Wandel unterworfen: Löste der wachsende Wohlstand der Wirtschaftswunderzeit eine „Fresswelle" aus, suchen heute immer mehr Menschen gezielt hochwertige, gesunde Lebensmittel, um sich bewusst zu ernähren. Vollkornprodukte und Produktionsweisen der Handwerksbäcker wie Sauerteig- und Vorteigführungen im Sinne von „Slow Baking" leisten dazu einen wichtigen Beitrag. Viele Bäcker setzen außerdem auf natürliche Rohstoffe von regionalen Erzeugern, die über die gesamte Produktionskette Produkteigenschaften wie ungespritztes Getreide garantieren. Damit erfüllen sie den Wunsch vieler Verbraucher nach einer umweltfreundlichen Erzeugung von Lebensmitteln.

Multikulti auf dem Frühstückstisch

Ob französisches Baguette, italienisches Ciabatta oder türkisches Fladenbrot – sie alle sind gern gesehen auf den Esstischen und Party-Büffets der Deutschen. Die wachsende Nachfrage nach mediterranen Brotspezialitäten trägt dazu bei, dass der Anteil von Weizenbrot am deutschen Brotverzehr kontinuierlich gestiegen ist. Dem steht ein zunehmendes Interesse an deutschen Backwaren im Ausland gegenüber. Insbesondere in Asien steigt der Verzehr von Getreideprodukten stetig. Deutsche Backwaren genießen dort ein hohes Ansehen. Regelmäßig belegen Bäcker aus dem asiatischen Raum Bildungsangebote an deutschen Akademien des Bäckerhandwerks.

Von der Bäckerei zum Schnellrestaurant?

Es ist unübersehbar: Das Essen verlagert sich zunehmend auf die Straße. Statt drei großer Mahlzeiten pro Tag greifen viele gern oder notgedrungen zu Snacks. Stand früher Mutti morgens in der Küche, um Pausenbrote für die Lieben zu schmieren, bleibt heute oftmals nur noch Zeit für den schnellen Gang zum Bäcker. Ein vielseitiges Angebot an belegten Brötchen, Bagels, Wraps und Ciabatte, verzehrfertigen kalten und warmen Speisen ist die Antwort zeitgemäßer Bäckereibetriebe auf den Bedarf, außer Haus gut versorgt zu werden. Eine wichtige Stütze sind hierbei die Bäckerei-Fachverkäufer/innen, die sich heute zur Ernährungsberater/in im Bäckerhandwerk qualifizieren können und damit dem Beratungsbedarf hinsichtlich spezieller Ernährungsformen und Unverträglichkeiten optimal begegnen können.

Genießen ist die Devise!

Lassen Sie sich auf den folgenden Seiten von unseren Bäckermeistern und ihren besten Rezepten inspirieren und nehmen Sie sich Zeit für Genuss! In diesem Buch finden Sie auch die Adressen der Bäckereien sowie des Mühlenladens, in dem Sie besondere Backzutaten erhalten. Die Rezepte sind manchmal in der vielleicht ungewohnten Fachsprache, aber dennoch verständlich aufbereitet. Noch ein Tipp zu den in Gramm ausgewiesenen Eiern: 50 Gramm Ei entsprechen in etwa einem Hühnerei.

Kommißbrot und Karamell

Ulrich Barleon *Bäckerei · Konditorei · Café Barleon Bötzingen*

Eine feste Größe unter den Betrieben am Kaiserstuhl, die Bäckerei, Konditorei, Café und sogar ein Bistro unter einem Dach vereinen, ist der Name Barleon. 1928 gegründet und anfänglich in der Bergstraße beheimatet, ist Barleon – seit den 1980er Jahren neben dem Bötzinger Hochhaus – bekannt als Mekka für Liebhaber traditioneller Backwaren, feiner Kuchen, Torten und einer edlen Confiserie.

Der Bäcker und Konditormeister Ulrich Barleon führt die Tradition von Großvater Alfred Ambs und Vater Erwin Barleon in der dritten Generation fort. Berufliche Stationen in renommierten Freiburger Häusern wie dem Colombi-Hotel und Café Schmidt sowie seine Tätigkeit als Patissier in St. Moritz erwiesen sich dabei als beste Grundlage für den Einstieg in den qualitätsbewussten Familienbetrieb.

Neben dem Hauptgeschäft beliefert Barleon zwei Filialen in Bötzingen und drei in Freiburg. In Stadt und Land schätzt man die handwerkliche Arbeit seiner Backstube, deren Schwerpunkt sich mit den Jahren zugunsten der Konditorei verlagert hat. Auf ein Repertoire von 70 bis 80 Sorten Kuchen und Torten, die selbstverständlich nicht alle auf einmal im Sortiment sind, kann Ulrich Barleon zurückgreifen. Neben Klassikern wie Schwarzwälder, Himbeer- oder Käsesahne findet der Kunde auch Besonderheiten wie eine Prosecco-Sahnetorte und vor allem die Obstwähen, für die Barleon berühmt ist: feine knusprige, wagenradähnliche Kuchen mit stolzen 45 Zentimetern Durchmesser, in die selbst Ulrich Barleon „hineinliegen" könnte.

Zur Freude vieler Stammkunden können sich diese aber auch auf ein zünftiges Brotsortiment verlassen, das keine Wünsche offenlässt. Insbesondere das gute alte Kommißbrot hat bei Barleon immer noch Tradition und ist in dieser Kaiserstühler Bäckerei nicht wegzudenken.

Epfelschdruudl

[Apfelstrudel]

Für den Strudelteig:
- *250 g Weizenmehl Type 405 oder 550*
- *1 Ei*
- *1 Prise Salz*
- *100 g lauwarmes Wasser*
- *20 g Öl*

Für die Füllung:
- *1,5 kg Äpfel*
- *40 g Butter*
- *80 g Weckmehl*
- *100 g Zucker*
- *60 g Rosinen*
- *etwas Zimt*

Zutaten für den Strudelteig mit der Rührmaschine verkneten und so lange bearbeiten, bis sich der zäh-klebrige Teig vom Untergrund löst und glatt geworden ist. Teig auf eine mit Mehl bestäubte Arbeitsfläche legen und leicht flach drücken. Mit Öl bepinseln, damit sich keine Haut bildet. Ca. 30 Min. im Kühlen ruhen lassen.

Äpfel schälen und in kleine Stücke schneiden. Mit der aufgelösten Butter und den restlichen Zutaten vermischen.

Teig auf einem mit Mehl bestäubten großen Tuch viereckig ausrollen, dann hochheben und mit den Handrücken vorsichtig in alle Richtungen ziehen. So lange sachte ziehen, bis der Teig papierdünn ist. Teig dünn mit Öl bestreichen, damit er nicht zusammenklebt, falls er sich zusammenrollt. Die Hälfte der Teigfläche mit der Füllmasse bestreichen. Tuch hochheben und den Strudel gegen die freie Teigseite einrollen. Enden verschließen und den Strudel mit der Teignaht nach unten auf ein mit Backpapier belegtes Blech setzen. Bei 180° ca. 40 Min. goldbraun backen. Nach halber Backzeit mit flüssiger Butter bestreichen. Der Strudel kann warm oder auch kalt serviert werden.

Triebelköäche

[Traubenkuchen]

· 500 g Weintrauben
· 150 g Marzipanrohmasse
· Eigelb

Für den Mürbeteig:
· 250 g Weizenmehl Type 405 oder 550
· 125 g Butter
· 60 g Zucker
· 1 Ei
· 1 Prise Salz

Für das Baiser:
· 120 g Eiweiß
· 150 g Zucker

Mürbeteig 3 mm dick ausrollen und eine Scheibe (Ø 26 cm) auf ein mit Backblech ausgelegtes Blech legen. Mit einer Gabel mehrmals einstippen. Aus Teigresten einen Strang rollen und auf den Rand der Teigscheibe legen, der vorher mit Eigelb bestrichen wurde. Rand etwas andrücken. Boden bei 180° ca. 15-20 Min. backen. Erkalten lassen.

Marzipanrohmasse mit Wasser streichfähig machen und auf dem Kuchenboden verstreichen. Trauben auf dem Kuchen verteilen. Eiweiß und Zucker zu festem Eischnee schlagen. Baisermasse auf den Trauben verteilen und glattstreichen, etwas Baiser zurückbehalten. Mit einem Messer 8 oder 12 Stücke markieren. Mit dem restlichen Baiser mit Hilfe eines Spritzbeutels (Lochtülle) auf jedes Stück eine Weintraube spritzen. Den Kuchen nochmals ca. 20 Min. bei 130° backen.

Wii-Triffili

[Wein-Trüffel]

für ca. 40 Stück

- *200 g Sahne*
- *30 g Butter*
- *250 g dunkle Schokolade (Kakaoanteil mind. 70 %)*
- *250 g Vollmilch-Schokolade*
- *2 EL Wein (kräftige Sorte bevorzugt)*

Zum Schluss:

- *4 EL Kakao*
- *1 EL Puderzucker*
- *500 g dunkle Kuvertüre*

Sahne mit Butter in einem Topf erhitzen, bis sie sprudelnd kocht. Vom Herd nehmen und die zerbrochene Schokolade unterrühren, bis alles glatt und gut vermischt ist. Sobald die Masse etwas abgekühlt ist, den Wein dazugeben und die Pralinenmasse auf ein Blech mit hohem Rand streichen. 24 Std. kühlen und fest werden lassen.

Kakao und Puderzucker vermischen und auf ein Backpapier sieben. Zur Herstellung der Trüffel mit einem Messer murmelgroße Stücke abstechen und zwischen den Handflächen zu Kugeln rollen (die Hände sollten kühl und trocken sein).

Zum Überziehen die Kuvertüre im Wasserbad auflösen und temperieren (sie darf nicht wärmer als 36° sein). Mit einer Gabel die Trüffel in der warmen Schokolade tunken. Beim Herausheben die Gabel leicht am Schüsselrand abstreifen. Nachdem die Schokolade leicht angezogen ist, die Trüffel vorsichtig im Kakao-Puderzucker-Gemisch wälzen. Trüffel auf sauberem Backpapier absetzen und trocken-kühl lagern (nicht im Kühlschrank).

Lehrmeister unter Palmen

Gustav Danzeisen *Bäckermeister und Gewerbeschullehrer i.R. Umkirch*

Als Bindeglied zwischen Theorie und Praxis fand er die richtigen Worte als Vermittler zwischen Schule und Innung und setzte sich auch dafür ein, dass jedes Jahr acht seiner Schützlinge in Berufskleidung an der Fronleichnamsprozession teilnahmen und den Bäckerheiligen trugen. Denn als ökumenisch denkender, überzeugter Christ nimmt Gustav Danzeisen auch die religiöse Komponente seines Berufes wahr: Bäcker dürfen das tägliche Brot herstellen, um das die Gläubigen jeden Tag bitten.

Landwirt? Oder lieber Schreiner? Als Jüngling hatte Gustav Danzeisen, 1938 geboren und in Eichstetten am Kaiserstuhl aufgewachsen, dann doch irgendwann die „Eingebung", wie er sagt, Bäcker zu lernen – und hat es keine Sekunde lang bereut. Nach mehreren Gesellenstellen in Freiburg und drei Jahren in Interlaken, während derer er nicht nur das Matterhorn, sondern auch die Meisterprüfung erklimmte, reifte in dem zielstrebigen Mann der Wunsch, eine Bäckerei mit Café zu übernehmen.

Das Schicksal wollte es jedoch anders. Der Umstand, dass der Fachlehrer eines Lehrlings den Unterricht immer wieder ausfallen ließ, motivierte ihn dazu, nach 18 Berufsjahren sein Handwerk mit der Pädagogik zu verbinden. Am Ende waren es 32 Jahre, in denen er an der Freiburger Gertrud-Luckner-Gewerbeschule als Lehrer wirkte und sein Talent einsetzte, Jugendliche für den Beruf des Bäckers zu begeistern.

Dass Backen für ihn jedoch nicht nur Arbeit, sondern auch Hobby ist, beweisen seine zahlreichen Aktivitäten: Mit 50 erfüllte er sich seinen Jugendtraum und baute sich einen Pizzaofen nach pompejischem Vorbild. Mit Freunden restaurierte er die Umkircher Mühle und bewahrte sie so vor dem Zerfall. Und mit 63 startete er seine Auslandseinsätze für den Senior Expert Service: In Argentinien, Bolivien, Kenia, Nepal, Rumänien und sogar auf den Malediven brachte er den Menschen das Backen von „Weckle" und Croissants bei. Noch heute schwärmt er von seinen hoch motivierten, internationalen Schülern – und seiner Leidenschaft, dem Schnorcheln in der Lagune nach Feierabend.

Haselnusskeächli

[Haselnussküchlein]

für ca. 10 Stück

- *400 g Haselnüsse*
- *120 g Zucker*
- *90 g Honig*
- *200 g dunkle Kuvertüre*

Haselnüsse im Ofen bei 160° leicht rösten, damit sich die Schalen lösen. Nüsse herausnehmen, bei Bedarf in ein Geschirrtuch einschlagen und fest gegeneinander reiben, bis sich die Schalen vollständig abgelöst haben. Zucker mit Honig bei mittlerer Hitze 2 Min. kochen. Haselnüsse zur heißen Masse geben und unterrühren. Nussmasse mit einem Löffel in kleine Förmchen oder Ringe einfüllen (Ø 7-8 cm), bis jeder Boden mit einer Lage Nüsse komplett bedeckt ist. Bei 180-200° ca. 10 Min. backen. Auskühlen lassen und die Unterseite mit geschmolzener Kuvertüre bestreichen.

Schwizer Büürebrood

[Schweizer Bauernbrot]

- *500 g Weizenmehl Type 1050 oder 812*
- *30 g Hefe*
- *10 g Salz*
- *320 g Wasser*

Aus allen Zutaten einen Teig kneten. 30 Min. gehen lassen. Teig zu einem runden Laib formen und nochmals 30 Min. auf dem Backblech gehen lassen. Laib mit Mehl bestäuben und mit einem Messer ein rautenförmiges Muster einschneiden. Bei 220° 40 Min. backen.

Jägerbreedli

[Jägerbrötchen]

für ca. 16 Stück

- *150 g Roggenmehl Type 997*
- *350 g Weizenmehl Type 1050*
- *10 g Salz*
- *2 EL Naturjoghurt*
- *25 g Zucker*
- *25 g Butter*
- *30 g Hefe*
- *300 g Wasser*

Alle Zutaten zu einem Teig verkneten. 30 Min. gehen lassen. In 16 gleich große Stücke zerteilen. Die Teiglinge mit der Hand zuerst rund und dann länglich formen. Auf ein Backblech setzen und nochmals 30 Min. gehen lassen. Teiglinge leicht mit Mehl bestäuben und 2-3-mal mit einem Messer quer einschneiden. Bei 220° ca. 20 Min. goldbraun backen.

Ein Stück Öffentlichkeit

Michael und Christian Dick *Bäckerei · Konditorei · Café Dick Denzlingen*

Vor 50 Jahren, als die Bäckerei Dick gegründet wurde, sah es in Denzlingen noch anders aus. Es gab einige tausend Einwohner weniger, dafür noch vier Bäckereien, die am Ort backten. Von ihnen ist allein die Bäckerei Dick übriggeblieben – der letzte Kollege hat in den 1990er Jahren seinen Handwerksbetrieb aufgegeben.

Doch auch wenn der Druck der Großen in der Branche und der Discounter alles andere als abnimmt, lässt Bäckermeister Michael Dick sich nicht den Wind aus den Segeln nehmen. So steht er jede Nacht gerne für seinen Beruf auf, weil er ihn nach wie vor erfüllt. An seiner Begeisterung für handwerklich erzeugte Backwaren lässt er auch die Bevölkerung immer wieder teilhaben: durch seine regelmäßigen Beiträge in den Sozialen Medien des Internets oder in der „Nacht des Backens", wenn er Interessierte durch seine Backstube führt und sie – umrahmt von Bewirtung und musikalischer Unterhaltung – „live" am Backen teilhaben lässt. In den Sommerferien veranstalten die Dicks sogar Führungen, an die sich ein Frühstück mit dem Bäckermeister anschließt. Bei dieser Gelegenheit kann man ihn all das fragen, was man schon immer über das Bäckerhandwerk wissen wollte.

Zusammen mit Sohn Christian, der gelernter Bäcker und Konditor ist, reagiert Michael Dick auf Entwicklungen wie die zunehmende Nachfrage nach Snacks oder bietet Spezialitäten wie Vollkornbrot, Karottenbrot, Seelen und Laugengebäck aus 100 Prozent Dinkelmehl. Und „Exil-Denzlinger", die zu Besuch in ihrer alten Heimat sind, freuen sich immer riesig, wenn sie Nougatringe, Granatsplitter oder „süße Schuhsohlen", die kaum noch ein Bäcker macht, in der Ladentheke finden.

Ab und zu gönnt sich aber auch Bäckermeister Dick einmal eine Auszeit. Dann erklimmt er Ziele ganz anderer Natur: zum Beispiel den Kilimandscharo oder Ararat – zwei Berge, die er leidenschaftlich gern auf Höhenwandertouren erkundet.

Budder-Nusshernli

[Butter-Nusshörnchen]

für 10 Stück

Für den Grundteig:
- *400 g Weizenmehl Type 550*
- *200 g Milch*
- *16 g Hefe*
- *36 g Zucker*
- *30 g Butter*
- *7 g Salz*

Für die Tourierbutter:
- *180 g Butter*
- *20 g Weizenmehl Type 550*

Für die Nussfüllung:
- *200 g Wasser*
- *40 g Ei (1 Ei)*
- *160 g Zucker*
- *50 g Haselnüsse, gemahlen*
- *50 g Mandeln, gemahlen*
- *100 g Weckmehl*
- *1 Prise Zimt*

Zum Schluss:
- *Eier zum Bestreichen*
- *200 g Aprikosenkonfitüre*
- *50 g Wasser*
- *Puderzucker*

Für die Tourierbutter Butter und Mehl von Hand zusammen verkneten und mit dem Wellholz zu einer rechteckigen, ca. 7 mm dicken Butterplatte ausrollen. 2 Std. kalt stellen. Die Zutaten für den Grundteig mit dem Knethaken 3 Min. langsam und 5 Min. schnell verkneten. 25 Min. kalt stellen. Teig ca. 8 mm dick zu einem querformatigen Rechteck ausrollen, das gut die doppelte Größe der Butterplatte haben sollte. Die Butterplatte in die Mitte des Teiges legen. Den Teig von rechts und links jeweils zu einem Drittel nach innen klappen, so dass die Teigfläche am Ende nur noch ein Drittel beträgt (= einfache Tour). Teigplatte 1/2 Std. kühlen. Auf der Arbeitsfläche den Teig um 90° drehen. Von der breiten Seite aus in die Länge ausrollen und den Teig nochmals wie bei der einfachen Tour einschlagen. Teigplatte 1/2 bis 1 Std. kühlen. Um 90° drehen, in die Länge ausrollen, die einfache Tour wiederholen und die Teigplatte nochmals 20 Min. kühlen. Den Plunderteig auf eine Stärke von 5 mm ausrollen. In Rechtecke von z.B. 12 x 20 cm schneiden und diese jeweils diagonal in 2 Dreiecke zerteilen. Leicht mit Wasser bestreichen. Etwas Nussfüllung auf jedes Dreieck spritzen, von der breiten Seite her aufrollen und zu Hörnchen formen. Teiglinge bei Zimmertemperatur ca. 1 Std. ruhen lassen. Mit verquirltem Ei bestreichen und bei 180° ca. 17 Min. backen. Konfitüre mit Wasser erhitzen. Das noch ofenwarme Gebäck damit bepinseln. Abkühlen lassen. Gesiebten Puderzucker mit Wasser mischen und die Plunderhörnchen damit glasieren.

Tipp:
Nach Belieben kann auch Marzipan, Rum oder Vanille in die Füllung gegeben werden.

Hundertprozendig's Dingglbrood mid Kochschdugg

[Hundertprozentiges Dinkelbrot mit Kochstück]

für 5 Brote

Für das Kochstück:
- *300 g Dinkelmehl Type 630*
- *300 g Dinkelschrot, fein gemahlen*
- *1.200 g Wasser (kochend)*

Für den Hauptteig:
- *1.200 g Dinkelmehl Type 630*
- *500 g Wasser (lauwarm)*
- *45 g Salz*
- *35 g Hefe*

Zutaten für das Kochstück mit dem Knethaken gut verrühren, sofort in den Kühlschrank stellen und mind. 12 Std. stehen lassen. Das Kochstück zu den Zutaten für den Hauptteig geben und alles mit dem Knethaken 8 Min. langsam und 2 Min. schnell kneten. Teig 1 Std. gehen lassen. Teigstücke zu je 750 g abwiegen, rundwirken (rund formen) und danach länglich formen. Nochmals 1 bis 1 1/2 Std. ruhen lassen. Mit einem Messer einschneiden. Etwas Wasser auf das Backblech gießen, damit Dampf erzeugt wird und bei 240° in den Ofen schieben. Nach 10 Min. auf 200° herunterschalten. Die Gesamtbackzeit beträgt ca. 50 Min.

Tipp:

Beim Kochstück wird ein Teil des Mehles mit Wasser aufgekocht, damit mehr Wasser gebunden wird. So bleibt das Brot länger frisch und aromatisch.

Dingglrogge-Weckli vum Rad

[Dinkelroggen-Brötchen vom Rad]

Für den „Detmolder Einstufen-Sauerteig":
- *850 g Roggenmehl Type 1150*
- *43 g Anstellgut für Sauerteig (aus dem Mühlenladen)*
- *607 g Wasser*

Für den Hauptteig:
- *2.200 g Dinkelmehl Type 630*
- *700 g Roggenmehl Type 1150*
- *100 g Hefe*
- *1.500 g Wasser*
- *95 g Salz*

Zum Schluss:
- *Haferflocken und Sesam*

Zutaten für den Sauerteig kurz verkneten und 15-20 Std. bei Zimmertemperatur reifen lassen. Den Sauerteig zu den Zutaten für den Hauptteig geben und alles mit dem Knethaken 6 Min. langsam und 3 Min. schnell kneten. Teig 1 Std. gehen lassen. Teigstücke zu je 65 g abwiegen und rundwirken. Als Rad zusammensetzen und nochmals 1 bis 1 1/2 Std. gehen lassen. Teigstücke mit Wasser bepinseln und mit Hafer und Sesam bestreuen. Etwas Wasser auf das Backblech gießen, damit Dampf erzeugt wird und bei 240° in den Ofen schieben. Nach 5 Min. auf 220° herunterschalten. Die Gesamtbackzeit beträgt ca. 25 Min.

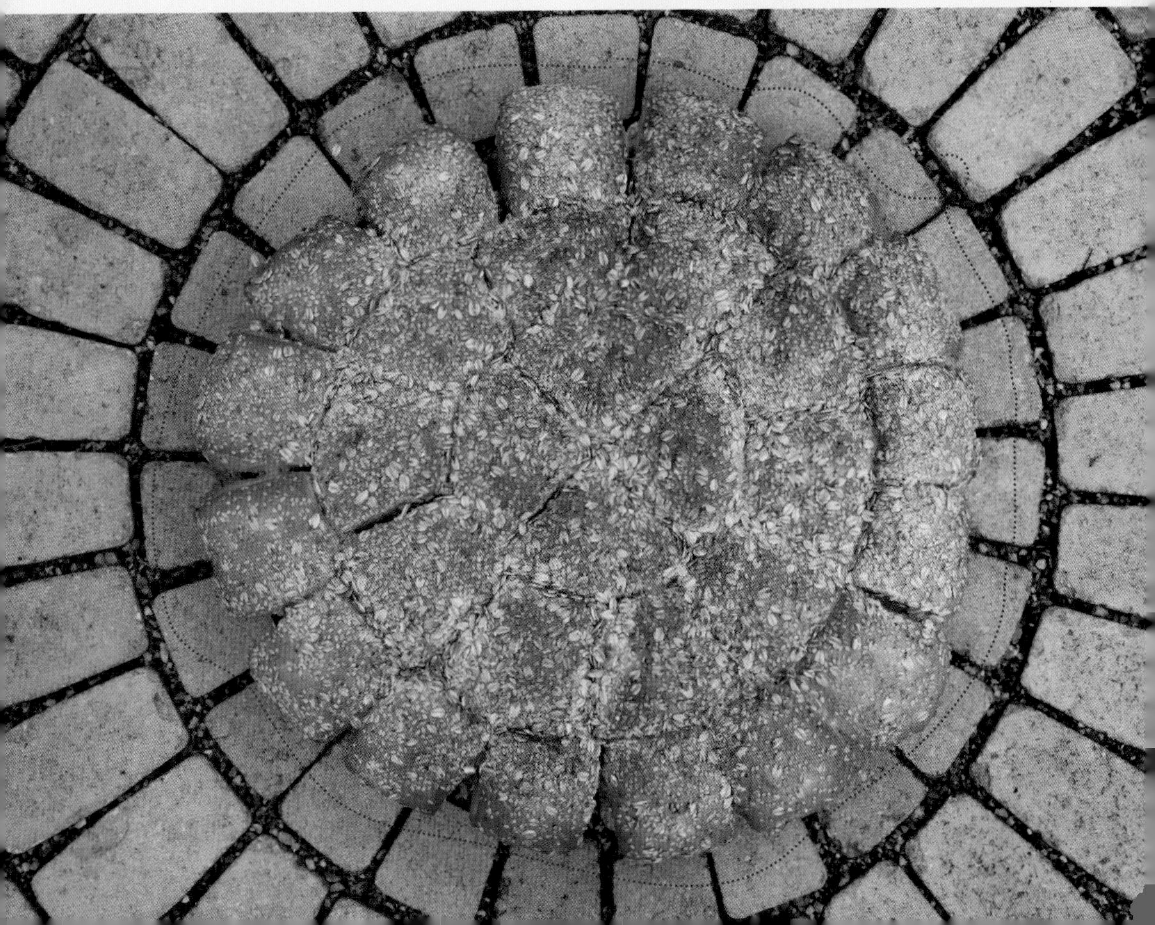

Eine Familienangelegenheit

Matthias Fütterer *Bäckerei · Konditorei Fütterer Elzach*

Hier scheint der Familienname so etwas wie Programm zu sein: Schon der Großvater von Matthias Fütterer war nach den kargen Kriegsjahren der Überzeugung, dass wenigstens die Bäcker immer etwas zu essen hatten. Und so half er seinem ältesten Sohn Max, eine Bäckerei aufzubauen, in der das „Gettikind“ [1] Matthias schon als Schülerbub gern verweilte und auch mithalf. Die Idee, dass der junge Mann die Bäckerei doch eigentlich einmal übernehmen könnte, mündete schließlich in eine Lehre beim Onkel. Bereits im Alter von 22 Jahren legte Matthias Fütterer seine Meisterprüfung ab – und wurde Inhaber des kleinen Elzacher Familienbetriebs. Zugegeben: Damals, im Jahr 1992, sah die Welt noch ein wenig anders aus. Billigmassenware im Brot- und Brötchenbereich war auf dem Land noch nicht so verbreitet wie heute. Das Bäckerhandwerk hatte noch „goldenen Boden“.

Doch Matthias Fütterer nahm die sich wandelnden Herausforderungen stets an, lagerte die Produktion in den Nachbarort aus, um rationeller arbeiten und eine größere Auswahl bieten zu können. Sukzessive kamen einige Filialen hinzu, in Freiburg und Gundelfingen auch mit kleinen integrierten Cafés.

Matthias Fütterer scheut nicht davor zurück, Rezepturen immer wieder zu hinterfragen und investiert gern in Eigenproduktion: Türkischer Honig oder Donuts, die anderswo aus der Fabrik kommen, machen seine Mitarbeiter noch von Hand. Keine „kulinarischen Grenzen“ kennt der Bäckermeister in seiner Brot- und Gebäckauswahl: Frankenlaib, Berliner Splitterweckle, Schwizer Burelaibli, Florentiner oder Mannheimer Bobbes sorgen dafür, dass es in der Auslage nie langweilig wird. Doch wenn zur Fasnetszeit [2] in Elzach der Ausnahmezustand herrscht, bleibt auch mal bei Fütterer die Backstube kalt. Am Aschermittwoch ist alles vorbei? Nein, dann geht der Trubel erst recht weiter...

[1] *alemannisch: Patenkind* / [2] *Fastnachtszeit*

Florentiner

für 7-8 Stück

Für die Nussmasse:

- 130 g Zucker
- 45 g Honig
- 55 g Sahne
- 60 g Butter
- 12 g Glukosesirup
- 120 g gehobelte Mandeln
- 40 g Mandelstifte
- 40 g Orangeat

Für die Glasur:

- 200 g Kuvertüre

Zucker, Honig, Sahne, Butter und Glukosesirup aufkochen, die restlichen Zutaten untermengen. Auf einem mit Backpapier vorbereiteten Backblech die heiße Nussmasse in Metallringe (Ø 8-9 cm) füllen und flachdrücken oder die Masse in Form von Kleksen auftragen. Bei ca. 190° (Ober-/Unterhitze) backen und nach gewünschter Färbung aus dem Ofen nehmen. Auskühlen lassen und die Unterseite mit Kuvertüre bestreichen. Dazu nach Belieben einen Riefkamm (Garnierkamm) zur Erzeugung zackenförmiger Ornamente verwenden.

Bobbes

für 10-12 Stück

Für den Mürbeteig:
- *300 g Mehl*
- *225 g Butter*
- *120 g Zucker*
- *50 g Speisestärke*
- *1 Eigelb*
- *1 Prise Salz*
- *20 g Wasser*

Für die Füllung:
- *300 g Marzipanrohmasse*
- *30 g Cranberries*
- *30 g Zitronat*
- *30 g Mandelstifte*
- *30 g Sultaninen*
- *30 g Korinthen*

Für die Streusel:
- *250 g Mehl*
- *125 g Butter*
- *125 g Zucker*

- *Eigelb zum Bestreichen*

Mürbeteig zubereiten und ca. 1/2 Std. im Kühlschrank ruhen lassen. Zutaten für die Füllung miteinander verkneten. Mehl, Butter und Zucker zu Streuseln verarbeiten. Mürbeteig ca. 3 mm dick ausrollen und in Rechtecke à 12 x 20 cm unterteilen. Entlang der schmalen Seiten jeweils einen Strang Füllung auftragen. Die Teigstücke von jeder schmalen Seite aus bis zur Mitte aufrollen. Bobbes umdrehen und auf der Oberseite mit Ei bestreichen. Diese mit Streuseln bestreuen oder in die Streusel drücken. In Längsrichtung eine kleine Kerbe auf der Oberseite eindrücken. Bei ca. 200-210° (Ober-/Unterhitze) ca. 25 Min. backen.

Gewusst?

Als „Bobbes" bezeichnet man im Nordbadischen und in Hessen den Popo eines Kindes. Die Form dieses Gebäcks erinnert ein wenig daran.

Totenbeinli

[Toten(ge)beinchen]

für 10-12 Stück

- *200 g Mehl*
- *80 g Butter*
- *140 g Zucker*
- *160 g Haselnüsse*
- *50 g Ei*
- *1 Prise Salz*

Aus allen Zutaten einen Mürbeteig herstellen, grob gehackte Nüsse zuletzt hinzugeben. Aus dem Teig einen quaderförmigen Block formen und ca. 1/2 Std. kühl stellen. Den Teigblock in Scheiben von 1/2 cm Dicke schneiden. Bei ca. 195° ca. 14-16 Min. backen.

Gewusst?

Bei den „Totenbeinli“ handelt es sich um eine Schweizer Spezialität, die früher nach einer Trauerfeier zum Kaffee gereicht wurde.

Nougatringe mit Glückspotenzial

Horst Gerber *Bäckerei Gerber Freiamt*

In Freiamt ist er Projektinitiator, Vertrauensperson, Marketingmensch, Vereinsmotor, Diplomat – und „nebenbei" Chef einer kleinen Dorfbäckerei, in der sein großes Herz für das Handwerk schlägt. Horst Gerber ist ein Wirbelwind, dem nichts zu viel ist und der mit seinem ausgleichenden Wesen am Landgericht schon für so manche Streitschlichtung zwischen Auszubildenden und Arbeitgebern seiner Zunft gesorgt hat. Vor 14 Jahren übernahm der 51-Jährige das Amt des Obermeisters der Bäckerinnung Emmendingen, damals als jüngster Bäcker-Obermeister Baden-Württembergs. Seine Bäckerei, die er vor 25 Jahren mit seiner Frau übernommen hat, ist nicht nur ein kleines Versorgungszentrum für Einheimische und Touristen, sondern auch ein Treffpunkt für alle Generationen, die es sich in der heimeligen Atmosphäre des Steh-Cafés gemütlich machen.

Als bekennender Fan regenerativer Energien hat das Energiebündel Gerber ein Windrad an seinem Haus installiert, mit dem sich Strom für den Betrieb erzeugen und spürbar Heizöl einsparen lässt. Dass sich in dieser Bäckerei „was dreht", bemerkt man auch an der hohen Servicebereitschaft, den langen Schlangen an den Wochenenden, am Holzofenbrot, das immer schnell weg ist und vor allem am „Herz", mit dem Horst Gerber backt – kein Wunder, dass seine „Dinkelherzweckle" der Renner sind.

Genau so stark wie er im aktuellen Dorfgeschehen verwurzelt ist, pflegt der Bäckermeister auch alte Traditionen. So backt er jedes Frühjahr überdimensionale helle Brezeln, die aus Teigbuchstaben die Aufschrift „Danke" tragen. Nach altem Brauch gehen die Konfirmanden damit zu ihren Paten, um sie zum Fest einzuladen und sagen dabei ihren Konfirmationsspruch auf. Nicht wegzudenken im Sortiment ist auch das Feingebäck, das die Gerbers mit viel Liebe herstellen. Besonders Granatsplitter und Nougatringe, die Biss für Biss eine Wucht sind, versüßen so manchem müden Handwerker den Tag.

Hafervollkornbrood

[Hafervollkornbrot]

Für das Quellstück:
- *100 g Haferflocken*
- *50 g Haferflocken, leicht angeröstet*
- *15 g Sesam*
- *220 g heißes Wasser*

Für den Teig:
- *350 g Weizenvollkornmehl*
- *80 g Roggenvollkornmehl*
- *12 g Salz*
- *5 g Zucker*
- *15 g Hefe*
- *180 g Wasser (ca. 18°)*
- *20 g Sauerteig vom Bäcker*

Zum Schluss:
- *Haferflocken zum Bestreuen*

Die Zutaten für das Quellstück ca. 1 Std. einweichen. Alle Zutaten für den Teig kneten, das Quellstück unterkneten. Brotteig ca. 40 Min. in einer Schüssel stehen lassen. Zu einem runden Laib aufarbeiten und mit einem Pinsel mit Wasser bestreichen. Die Oberseite mit Haferflocken bestreuen und leicht andrücken.
Den Laib ca. 30-45 Min. auf einem Backblech reifen lassen. Mit einem Messer oben in der Mitte einschneiden. Das Backblech mit Wasser beträufeln, so dass sich im Ofen Dampf bilden kann. Bei ca. 230° (nach ca. 10 Min. auf 200° reduzieren) insgesamt ca. 50-60 Min. backen.

Granadschblidder

[Granatsplitter]

Für den Biskuitteig:

- *4 Eier (Gr. M)*
- *125 g Zucker*
- *1 Pck. Vanillezucker*
- *100 g Weizenmehl*
- *1 gestr. TL Backpulver*
- *50 g Speisestärke*
- *2 EL Kakaopulver*
- *5 Tropfen Rum-Aroma*

Für die Mürbeteigtaler

- *100 g Zucker*
- *200 g Margarine*
- *300 g Mehl Type 550*
- *etwas Vanillezucker*

Für die Buttercreme:

- *100 g Edelbitterschokolade*
- *1 Pck. Schokoladen-Puddingpulver*
- *80 g Zucker*
- *500 ml Milch 1,5 %*
- *300 g weiche Butter*

Zum Schluss:

- *Kuvertüre (Vollmilch oder Zartbitter)*

Für den Biskuitteig die Eier mit dem Rührbesen auf höchster Stufe 1 Min. schaumig schlagen. Zucker und Vanillezucker mischen, innerhalb von 1 Min. unter Rühren einrieseln lassen und die Masse weitere 2 Min. schlagen. Mehl mit Backpulver, Speisestärke, Kakao und Rum-Aroma mischen und kurz auf niedrigster Stufe unterrühren. Den Teig in eine mit Backpapier ausgelegte Springform füllen, glatt streichen und im unteren Drittel des Backofens bei ca. 180° (Ober-/Unterhitze) etwa 25 Min. backen. Aus der Form lösen und auskühlen lassen.

Für die Mürbeteigtaler Zucker, Vanillezucker und Margarine mischen und Mehl hinzugeben. Zutaten zu einem Teig verarbeiten und kühl stellen. Auf eine Stärke von ca. 2 mm ausrollen. Mit einem runden Ausstecher (Ø 4-6 cm) kleine Taler ausstechen und bei 180-200° ca. 8 Min. backen.

Für die Buttercreme aus Puddingpulver, Zucker und Milch einen Pudding zubereiten und die gestückelte Schokolade unter den heißen Pudding rühren, bis sie geschmolzen ist. Pudding erkalten lassen (am besten mit Frischhaltefolie abgedeckt, damit sich keine

Haut bildet). Butter mit dem Rührbesen geschmeidig rühren und den Pudding esslöffelweise darunter geben. Dabei darauf achten, dass Butter und Pudding Zimmertemperatur haben. Biskuitteig zerbröseln und mit der Buttercreme vermengen, so dass eine dickliche Masse entsteht. Einige Tropfen Rum-Aroma dazugeben.

Mit einem Spritzbeutel Türmchen auf die Mürbeteigtaler spritzen und mit geschmolzener Kuvertüre überziehen.

Tipp:

Man kann die Granatsplitter auch nur mit Pudding (ohne Buttercreme) zubereiten. Und statt des Bisquits können auch „alte" Plätzchen oder Kuchenreste verwendet werden. Wer möchte, kann noch einen kleinen Tupfen Kirschfüllung auf die Mürbeteigtaler geben.

Abb. Freiämter Wurzelgeist

Fasnetsschärbe

[Fastnächtliche Scherben]

- *50 g Margarine*
- *20 g Sauerrahm*
- *100 g Zucker*
- *120 g Ei*
- *40 g Rum oder Kirschwasser*
- *400 g Weizenmehl Type 550*
- *1 Prise Salz*
- *etwas Vanille-Aroma*

- *Fritierfett*
- *Puderzucker*

Margarine, Sauerrahm und Zucker mit dem Rührgerät gut mischen, Eier und Rum oder Kirschwasser hinzugeben. Mehl und restliche Zutaten untermischen. Den Teig nicht zu lange kneten, da sich sonst ein Klebergerüst bildet und so kein zartes Gebäck entstehen kann.
Den Teig einen Tag lang kühl stellen. Danach so dünn wie möglich ausrollen und mit einem Zackenrad Rauten (ca. 8 x 8 cm) schneiden. Die Rauten auf ein Tuch legen.

Fritierfett auf ca. 180- 200° erhitzen und die Scherben darin goldbraun backen, dabei ein- bis zweimal wenden. Abtropfen lassen und mit feinem Puderzucker bestäuben.

Treffpunkt für Genießer

Stephan Grossmann *Bäckerei · Konditorei · Café Grossmann Kirchzarten*

Aus Bad Säckingen stammend, hat ihr junger Chef Stephan Grossmann nach beruflichen Stationen als Backstubenleiter und Geschäftsführer namhafter Bäckereien mit der Übernahme der Kirchzartener Bäckerei Scherer seinen Platz gefunden. Der Bäcker- und Konditormeister, der nebenbei als stellvertretender Obermeister der Bäcker-Innung Freiburg aktiv ist, führt einen Traditionsbetrieb fort, dessen Wurzeln zurückgehen bis in die Zeit um 1900.

Neben dem Stammgeschäft in Kirchzarten hat Stephan Grossmann die drei Filialen in Freiburg von seinem Vorgänger Franz Scherer übernommen und ihnen neues Leben eingehaucht. Jeden Morgen geht Grossmann selbst auf Tour zu Schulen, Betrieben und einem Pflegeheim, die schon auf seine Brötchen und Snacks warten. Ein Herzensanliegen ist dem Bäcker- und Konditormeister vor allem das Kirchzartener Schülerhaus, dessen Catering er als Pächter betreut und das er mit anderen engagierten Eltern in einem Verein am Leben hält.

In der einen Ecke ein Herr, der die Zeitung liest und dazu genüsslich ein Joghurt-Törtchen löffelt. In der anderen ein Kaffeekränzchen, das munter das Neuste austauscht und die Gesellschaft genießt. Im Café Grossmann geht es beschaulich zu. Dafür sorgen auch die liebenswürdigen Damen vom Service, die zum Teil hier schon ihre Lehre absolviert haben und trotz Erreichen des Ruhestandalters ihre Hände noch nicht in den Schoß legen wollen.

Ganz in seinem Element ist Stephan Grossmann, wenn er ausgefallene Tortenwünsche wie etwa eine quadratmetergroße Schwarzwaldlandschaft erfüllen kann. Genau so speziell ist auch seine große Leidenschaft in der Freizeit: Aikido, eine betont defensive, japanische Kampfkunst, die Genauigkeit, Beweglichkeit und Konzentration schult.

Bioland-Roggevoll-kornbrood üs dr Biggse

[Bioland-Roggenvollkornbrot aus der Dose]

für 5 Stück

Für den Sauerteig:
- *50 g Anstellgut (Bioland)*
- *580 g Roggenschrot (Bioland)*
- *12 g Bio-Salz*
- *410 g Wasser*

Für das Quellstück:
- *500 g Roggenschrot grob (Bioland)*
- *165 g Sonnenblumenkerne (Bioland)*
- *85 g Haferflocken (Bioland)*
- *500 g Wasser (40°)*

Für den Teig:
- *400 g Roggenschrot fein (Bioland)*
- *20 g Bio-Salz*
- *50 g frische Bio-Hefe*
- *360 g Wasser*

- *5 leere Konservendosen (à 850 ml)*

Zutaten für den Sauerteig miteinander verrühren und 12-16 Std. stehen lassen. Ebenso die Zutaten für das Quellstück miteinander vermischen und 12 Std. stehen lassen.

Sauerteig, Quellstück und die Teigzutaten miteinander verkneten. 1/2 Std. ruhen lassen. Dosen jeweils zur Hälfte füllen und den Teig bis knapp zum oberen Rand nochmals gehen lassen. In das untere Drittel des Backofens ein Blech einschieben und eine halbe Tasse Wasser darauf gießen. Darüber auf einem Blech das Dosenbrot bei 220° einschieben. Nach 10 Min. auf 180° herunterschalten. Gesamtbackzeit: ca. 45-50 Min.

Gewusst?

Bioland ist der größte Bio-Anbauverband Deutschlands, dessen Mitglieder nach strengen ökologischen Richtlinien arbeiten. Die Wirtschaftsweise der Bioland-Betriebe basiert auf einer Kreislaufwirtschaft, die ohne synthetische Pestizide und chemisch-synthetische Stickstoffdünger auskommt.

Zidronetarte

[Zitronentarte]

Für den Mürbeteig:
- *100 g Zucker*
- *200 g Butter*
- *300 g Mehl*
- *1 Eigelb*

- *100 g Kuvertüre nach Belieben*

Für die Tartemasse:
- *280 ml Zitronensaft*
- *200 g Zucker*
- *340 g Vollei (pasteurisiert) oder Frischei*
- *450 g Butter (gewürfelt und kaltgestellt)*

Für das Baiser:
- *100 g Eiweiß*
- *100 g Zucker*

Für den Mürbeteigboden Butter und Zucker, danach das Eigelb und zuletzt das Mehl miteinander verkneten. Teig ausrollen und eine Tarteform damit auslegen. Mit Backpapier auskleiden, mit Sonnenblumenkernen oder Hülsenfrüchten auffüllen und bei 180° ca. 15-25 Min. blind backen. Papier und Blindbackmaterial entfernen und Boden ggf. kurz nachbacken. Auskühlen lassen. Nach Belieben mit Kuvertüre bestreichen.

Zitronensaft mit Zucker kochen. Ei hinzugeben und darauf achten, dass eine Temperatur von 85° erreicht wird. Masse „zur Rose abziehen“ (man rührt mit einem Holzlöffel, bis sich ein rosenförmiges Muster ergibt). Kalte Butterwürfel mit dem Zauberstab untermixen. Masse auf den Tarteboden geben und über Nacht kühl stellen.

Für das Baiser Eiweiß gut schaumig schlagen (wenn man mit dem Finger hindurch fährt, soll die Spitze gerade noch stehen bleiben). Mit einem Spritzbeutel (Lochtülle) das Baiser auf die Tarte spritzen. Mit einem kleinen Bunsenbrenner vorsichtig abflämmen.

Joghurd-Derdli

[Joghurt-Törtchen]

- *250 g Naturjoghurt*
- *4 Blatt Gelatine*
- *500 g Sahne*
- *etwas Zucker*
- *frisches Obst nach Wahl*

Für den Biskuit:

- *4 Eier*
- *100-120 g Zucker*
- *100-120 g Mehl*
- *1 TL Vanillezucker*

- *Öl zum Bepinseln*
- *Tortenguss nach Belieben*

Für den Biskuit Eier, Zucker und Vanillezucker zu einer Schaummasse verrühren. Mehl darüber sieben und unterheben. In einer mit Backpapier ausgelegten viereckigen Form bei 220° goldbraun backen. Auskühlen lassen.

Kalt eingeweichte Gelatine ausdrücken, erwärmen und unter den Joghurt rühren. Die mit etwas Zucker geschlagene Sahne vorsichtig unterheben. Mit Dessertringen (Ø 8 cm) aus dem Biskuit kleine Törtchenböden ausstechen. Ein Tablett mit Backpapier auslegen und leicht mit Öl bepinseln. Dessertringe darauf stellen und bis kurz vor der Oberkante mit der Masse auffüllen. Die ausgestochenen Böden oben auflegen. Über Nacht kühl stellen. Am nächsten Tag umdrehen und die Ringe leicht hochziehen, so dass sie 1 cm überstehen. Törtchen mit Obststücken belegen und nach Belieben mit Tortenguss abglänzen. Nach dem Erkalten Ringe abziehen.

Ökumene an der Bäckertheke

Heinrich Jenne *Bäckerei Jenne Kiechlinsbergen*

Seit seiner Gesellenzeit ist Heinrich Jenne davon begeistert, mit wenigen, ursprünglichen Zutaten – abseits der Fertigvormischungen – auf traditionelle Art zu backen. Spannend wird sein Handwerk für ihn erst, wenn er neue Gärzeiten ausprobieren und das Zusammenspiel von Hefe, Sauerteig und Mehl immer wieder optimieren kann.

Seit Mitte der 1990er Jahre hat der Bäckermeister seinen Betrieb konsequent auf Bioland-Qualität umgestellt. Spezialisiert haben sich die Jennes dabei auf Dinkelbackwaren, die es – mit oder ohne Hefe – in allen Varianten gibt: vom Vollkornbrot über Ciabatta und Seelen bis zum Rübli- und Rotweinkuchen. Diese große Auswahl, die insbesondere Menschen mit Weizenunverträglichkeit erfreut, erhält man in der kleinen Bäckerei in Kiechlinsbergen, in der Filiale in Königschaffhausen, am Verkaufsmobil und in rund 30 Naturkostläden zwischen Lahr und der Schweizer Grenze, die die Bäckerei Jenne jeden Tag beliefert. Das nötige Hintergrundwissen über die Bio-Backwaren gibt Inge Jenne bei Beratungen, Schulungen und Verkostungen an die Mitarbeiter der Naturkosthändler weiter.

Doch bei aller notwendigen Orientierung nach außen ist es schön, was sich innerhalb des nur 24 Quadratmeter kleinen Verkaufsraums in Kiechlinsbergen abspielt: So sorgt in der katholischen 1000-Seelen-Gemeinde zum Beispiel Jennes Osterbrezel, die früher nur bei den evangelischen Mitbürgern Tradition hatte, für eine genussübergreifende Ökumene an der Bäckertheke.

Und auch die Globalisierung hat in dieser Bäckerei noch ihre positiven Seiten: So mancher französische Kunde kommt eigens wegen Jennes Brioche über die Grenze – und zieht ein Vollkornbrot vom Kaiserstuhl gerne mal dem hellen Baguette vor.

Rodwiiköäche

[Rotweinkuchen]

- *5 Eigelb*
- *200 g Butter*
- *200 g Rohrohrzucker*
- *150 g geriebene Schokolade*
- *15 g Kakao*
- *250 g Dinkelmehl*
- *20 g Weinsteinbackpulver*
- *125 ml Rotwein*
- *5 Eiweiß*

Eigelb mit Butter und Zucker schaumig rühren. Schokolade, Kakao, Mehl, Backpulver und Rotwein mischen und unter die Eimasse laufen lassen. Eiweiß steif schlagen und unterheben. Bei 170° ca. 60 Min. backen.

Tipp: *Dieser Kuchen schmeckt nicht nur zu Kaffee und Tee, sondern auch zu einem Spätburgunder Rotwein vom Kaiserstuhl.*

Roggevollkornbrood mid Süürdeig

[Roggenvollkornbrot mit Sauerteig]

für 1 1/2 kg Brot

Für den Sauerteig:
- *35 g Anstellgut (aus dem Mühlenladen)*
- *350 g Roggenvollkornmehl*
- *280 ml warmes Wasser*

Für den Brotteig:
- *550 g Roggenvollkornmehl*
- *100 g Weizenvollkornmehl*
- *400 ml warmes Wasser*
- *18 g Salz*
- *12 g Hefe*

Zutaten für den Sauerteig mischen und bei 28° Teigtemperatur ca. 15 Std. reifen lassen. Zutaten für den Brotteig mit dem angesetzten Sauerteig verkneten. Teig 20 Min. ruhen lassen. In Kastenformen füllen. 5 Min. bei 230° backen, anschließend den Ofen auf 200° stellen und weitere 45 Min. backen.

Tipp: *Vom Sauerteig 35 g wegnehmen und als neues Anstellgut für den nächsten Backtag verwenden.*

Dinggl-Ciabattabaguette

[Dinkel-Ciabattabaguette]

für 8 Stück à 250 g

Für den Vorteig:
- *250 g Dinkelmehl*
- *250 ml warmes Wasser*
- *2,5 g Hefe*

Für den Brotteig:
- *1 kg Dinkelmehl*
- *37,5 g Hefe*
- *25 g Salz*
- *12,5 g Olivenöl*
- *620 ml warmes Wasser*

Zutaten für den Vorteig verkneten und bei ca. 28° Teigtemperatur ca. 15 Std. reifen lassen. Zutaten für den Brotteig mit dem angesetzten Vorteig langsam 5 Min. verkneten, dann 10 Min. ruhen lassen. Nochmals 1 Min. durchkneten und weitere 20 Min. ruhen lassen. Teig in 8 gleich große Stücke einteilen und zu schönen Baguettes formen. Nach einer kurzen Reifezeit die Baguettes mit einem scharfen Messer 4-mal einschneiden und im Backofen bei 220° ca. 25 Min. backen.

Tipp:

Dinkel darf nicht überknetet werden, da sonst der Teig seine Stabilität verliert.

Zeit ist das beste Rezept

Matthias Klausmann *Bäckerei Herr Waldkirch*

Er mochte es schon immer, wenn er etwas bewegen, formen, knoten oder flechten kann. Teig ist für ihn deshalb der ideale „Werkstoff". Ein Metallberuf? Für Matthias Klausmann unvorstellbar. Der temperamentvolle Bäckermeister, der aus einer Yacher Bäckersfamilie stammt, hat mit der Übernahme der Traditionsbäckerei Herr im Jahr 1999 genau das Richtige gemacht.

Seine Leidenschaft ist die Herstellung von hauseigenem Bio-Vollkorn-Sauerteig und Backwaren nach Bio-Richtlinien, nach denen er zertifiziert ist. Seine Zutaten bezieht Klausmann wie sein Kollege Gerber über die Bio-Elzkorn-Marktgemeinschaft, die für Rohstoffe aus der Region steht. Einfach nur „Sack auf, Wasser und Hefe dazu und laufen lassen" – das gibt es für Matthias Klausmann nicht. Er mahlt sein Biogetreide selbst, hat dafür längere Rüstzeiten, aber das ist es ihm – und vor allem seinen Kunden – wert. Diese schätzen nicht nur die nach alter Bäckerskunst hergestellten Backwaren, sondern auch die Tatsache, dass man beim „Herre-Beck" noch mit Namen begrüßt wird, ein Schwätzchen halten oder das Herz ausschütten kann und sogar an der Tür bedient wird, wenn man mit dem Rollator Mühe hat, die Stufe zum Laden zu erklimmen.

Mit drei weiteren kleinen Bäckereien hat sich Matthias Klausmann, der stellvertretender Obermeister der Bäckerinnung Emmendingen ist, in der „Bäckerzunft Waldkirch" zusammengeschlossen. Gemeinsam setzen sie sich dafür ein, bei den Verbrauchern das Bewusstsein für Bäckerbetriebe zu schärfen, die noch handwerklich arbeiten und damit ein altes Kulturgut bewahren. Schon von weitem erkennt man die goldene Brezel am Haus der Bäckerei Herr. Wer es noch nicht weiß: Hier werden die Laugenbrezeln nach alter Väter Sitte noch direkt auf der Herdplatte gebacken – eine Machart, die man sonst nirgends mehr antrifft.
Wäre Matthias Klausmann sein Kunde, wäre er sicherlich der beste. Denn: An allem, nur am Brot kommt der Bäckermeister nicht vorbei. Er isst es zu jedem Essen. Aber auch wirklich zu jedem...

Hunnigschdiggli

[Honigstückchen]

für 15 Stück

- *425 g Bio-Weizenschrot, fein gemahlen*
- *65 g Honig*
- *65 g Butter*
- *1 Würfel Hefe*
- *9 g Meersalz*
- *215 g Wasser*

Zum Schluss:

- *250 g Rosinen*
- *45 g gehackte Haselnüsse*

Weizenschrot, Honig, Butter, Hefe und Salz (alle Zutaten bei Raumtemperatur) verkneten. 20 Min. gehen lassen. Rosinen und Haselnüsse langsam unterkneten. Nochmals 20 Min. gehen lassen. Teig zu runden Ballen à 75 g formen. Auf einem mit Backpapier belegten Blech 20-40 Min. ruhen lassen. Teiglinge mit Wasser besprühen und bei 220° in den Backofen schieben. Nach 5 Min. auf 200° herunterschalten und 10 Min. weiterbacken.

Tipp: Rosinen und Haselnüsse können je nach Geschmack oder bei Allergie auch weggelassen werden.

Vollwert-Dinggl-schroodweckli

[Vollwert-Dinkelschrotbrötchen]

für 30 Stück

- *1.300 g Bio-Dinkelschrot, fein gemahlen*
- *75 g Hefe*
- *30 g Honig*
- *25 g Margarine*
- *28 g Meersalz*
- *900 g Wasser*

Zum Schluss:

- *grober Dinkelschrot*

Zutaten mit dem Knethaken verkneten. Teig 1/4 Std. gehen lassen. Teigstücke à 75 g abteilen und rund oder länglich formen. Teiglinge 20-40 Min. ruhen lassen. Mit Wasser besprühen und mit der Oberseite in grobem Dinkelschrot tunken. 5 Min. bei 220° backen, danach auf 200° herunterschalten und nochmals 10 Min. backen.

Tipp:
Nach Belieben können dem Teig auch Speckwürfelchen zugegeben werden.

Bio-Dingglschroodbrood

[Bio-Dinkelschrotbrot]

für 2 Brote à 750 g

- *1.000 g Bio-Dinkelschrot, fein gemahlen*
- *630 g Wasser*
- *20 g Hefe*
- *25 g Salz*

Zum Schluss:

- *grober Dinkelschrot, Haferflocken oder Leinsamen*

200 g Dinkelschrot, 200 g Wasser und 1 Msp. Hefe miteinander verrühren und einen Vorteig daraus bereiten. Zugedeckt bei Raumtemperatur 5 Std. gehen lassen. Restliche Zutaten dazugeben und alles miteinander verkneten. 20 Min. ruhen lassen. Teig zu runden Laiben formen oder in Kästen füllen. Nochmals 40 Min. ruhen lassen. Mit Wasser besprühen und mit grobem Dinkelschrot bzw. Hafer oder Leinsamen bestreuen. Bei 230° anbacken und nach 1/4 Std. auf 200° herunterschalten. Ca. 25 Min. weiterbacken.

Laydenschaft und ein Lächeln

Philipp Lay *Bäckerei Lay Freiburg*

Es muss nicht immer eine 1A-Lage in der Innenstadt sein. Wenn die Tür der Bäckerei Lay eine Klinke hätte, würden die Kunden sie sich in die Hand geben. Die kleine Traditionsbäckerei in der hübschen Eckhausvilla im Freiburger Stadtteil Wiehre ist von morgens um sechs bis abends um halb sieben der Ort, zu dem große und kleine Liebhaber feiner Backwaren pilgern. In der Pause die Waldorfschüler, am Mittag die Büroleute, Mitarbeiter der Stadt oder die Männer von der Müllabfuhr – es ist ein Kommen und Gehen in dem freundlich eingerichteten Verkaufsraum dieser Bäckerei, die auf eine über 100-jährige Geschichte zurückblicken kann.

Als seine Freunde in jungen Jahren noch in der Disco abhingen, stand Philipp Lay lieber bei seinem Vater in der Backstube, um zu lernen, wie man Brezeln schlingt und Natursauerteig ansetzt. Statt noch lange die Schulbank auf dem Gymnasium zu drücken, zog er es vor, eine Bäckerlehre zu machen und in die Fußstapfen seiner Vorfahren zu treten. Seit zehn Jahren führt der Bäckermeister nun schon Regie in der Backstube, während seine Schwester Katrin den Verkauf managt. In vierter Generation führen die beiden die Philosophie des Familienbetriebs fort: ehrliche Handarbeit, Qualität und Frische den ganzen Tag – und immer ein freundliches Lächeln für den Kunden. Auf diese Weise verströmen die Lays und ihr Team das Flair einer Dorfbäckerei in der Stadt. Da kann es schon mal vorkommen, dass die betagte Nachbarin herüber kommt und ruft: „Philipp, gib mir mal 30 Gramm Hefe, ich komm heut' nicht mehr fort!"

Philipp Lay liebt seinen Beruf, auch weil er jeden Tag etwas anderes ausprobieren oder noch besser machen kann. Eine seiner feinsten Kreationen sind die Brownies, in denen außer leckerer Schokolade so herrlich viel Luft und Liebe stecken.

Franzeesischi Tarte

[Französische Tarte]

- *1 runder Blätterteigboden*
- *eingemachte Pfirsiche*

Für den Guss:

- *100 g Sahne*
- *80 g Ei (ca. 2 Eier)*
- *30 g Eigelb (1 Eigelb)*
- *50 g Vanille-Puddingpulver*
- *60-100 g Zucker*

Zum Schluss:

- *60 g Aprikosenkonfitüre*
- *30 g Wasser*

Eine Tarteform mit Blätterteig auslegen und 1/2 Std. ruhen lassen. Teigboden mit dünn geschnittenen Pfirsichspalten belegen. Zutaten für den Guss 3 Min. verrühren und über die Pfirsiche gießen. Tarte bei 190° 20 Min. in der Form backen, danach aus der Form herauslösen und nochmals direkt im ausgeschalteten Ofen 10 Min. weiterbacken, damit der Boden schön knusprig wird. Aprikosenkonfitüre mit Wasser aufkochen und den erkalteten Kuchen mit einem Pinsel aprikotieren.

Tipp: ***Alternativ kann man auch Äpfel, Zwetschgen oder Heidelbeeren verwenden.***

Herzhafdi Quiche

[Herzhafte Quiche]

- *200 g gekochter Schinken*
- *400 g Brokkoli*

Für den Boden:
- *100 g Margarine*
- *200 g Weizenmehl*
- *60 g Wasser*
- *5 g Salz*

Für den Guss:
- *300 g Ei*
- *300 g Sahne*
- *120 g Quark*
- *80 g Sauerrahm*
- *250 g Emmentaler Käse*
- *12 g Salz*

Zutaten für den Boden verkneten und den Teig 1/4 Std. ruhen lassen.
Brokkoli waschen und in mundgerechte Stücke zerteilen. Salzwasser zum Kochen bringen und die Röschen darin blanchieren. Schinken würfeln. Teig ausrollen und eine große, gefettete Quicheform damit auskleiden. Rand leicht andrücken. Brokkoli und Schinken gleichmäßig auf dem Boden verteilen. Zutaten für den Guss verrühren und über den Belag geben. Quiche bei 220° in den Backofen schieben, nach 5 Min. auf 180° herunterschalten. Insgesamt ca. 30 Min. backen.

Brownies

- *500 g Butter*
- *600 g Zucker*
- *400 g Ei*
- *250 g Mehl*
- *125 g Kakao*
- *250 g Schokolade (geraspelt oder als Schokodrops)*
- *Mandelstifte nach Belieben*

Butter (Raumtemperatur) mit dem Zucker schaumig schlagen. Eier, gesiebtes Mehl, Kakao und Schokolade bzw. Mandelstifte nach und nach unterrühren. Masse auf ein hohes, gefettetes Blech streichen. Bei 200° ca. 40 Min. backen.

Gute Qualität aus Tradition

Bernd und Christian Lienhart *Bäckerei · Konditorei Lienhart Freiburg*

Über die Bäckerei Lienhart gäbe es viel zu erzählen. Schließlich ist sie – 1896 gegründet – Freiburgs älteste Bäckerei und die einzige, die bis heute ausschließlich in der Innenstadt produziert. Blasius Lienhart legte zu Kaiser Wilhelms Zeiten in der Dreherstraße den Grundstein für den Familienbetrieb. Einen Namen machte er sich unter anderem mit seinem „Gesundheits-Zwieback", der damals offiziell vom Arzt für Wöchnerinnen, Säuglinge und Magenkranke empfohlen und in dekorativen Dosen angeboten wurde.

Die Kriegsjahre und der Bombenangriff auf Freiburg stellten in den 1940er Jahren das Durchhaltevermögen der Nachfahren auf eine harte Probe. Frierende, beim Bäcker bettelnde Kinder und Menschenschlangen vor den Bäckertüren prägten das Bild der Stadt. Doch die zweite und später die dritte Generation der Familie Lienhart hielt stets zusammen. Mit ihrer Liebe zum Handwerk machten sie die Bäckerei zu einer „Institution" für Freunde handgefertigter Backwaren.

Heute führen die Brüder Bernd und Christian Lienhart den Betrieb am Schwabentorring in vierter Generation im Sinne ihrer Vorfahren weiter. Neben Klassikern wie Schwarzwälder und Gugelhupf, Bauernbrot und Laugenbrezeln schätzen die Kunden Spezialitäten wie das Schlüterbrot mit gerösteter Roggenkleie. Mit rund 30 verschiedenen Brotsorten versorgen die Lienharts ihre treuen Kunden, die auch schon mal zu Hause beliefert werden, wenn sie nicht gut zu Fuß sind.

Wer die knusprigen Brötchen gar nicht erwarten kann, nutzt wochentags ab 3.30 Uhr und am Samstag ab 0.30 Uhr den Nachtverkauf am Versandtor der Bäckerei Lienhart, wo Nachtschwärmer und Nachtarbeiter aller Branchen gerne Schlange stehen. Frischer? Geht's nicht!

Zwieback

für 3 Kastenformen

- *500 ml Milch*
- *20 g Salz*
- *130 g Zucker*
- *300 g Butter*
- *1200 g Weizenmehl Type 550*
- *50 g Ei*
- *80 g Hefe*

Alle Zutaten zu einem Hefeteig verarbeiten und jeweils eine Kastenform zu einem Drittel damit füllen. Den Teig gehen lassen, bis er knapp über die Kastenform schaut. Bei 200° hellbraun backen.

Nach dem Abkühlen in Scheiben schneiden. Scheiben auf einem Backofengitter verteilen und bei 180° erneut backen, bis der Zwieback die gewünschte Farbe hat.

's Lienharts Guugelupf

[Lienharts Gugelhupf]

für 3 Stück

Für den Teig:
- *500 g Milch*
- *20 g Salz*
- *130 g Zucker*
- *450 g Butter*
- *1200 g Weizenmehl Type 550*
- *200 g Ei*
- *90 g Hefe*
- *Aroma (Rum oder Zitrone)*

- *300 g Rosinen*
- *Rum zum Einlegen der Rosinen (nach Belieben)*

Zum Schluss:
- *Puderzucker*

Alle Zutaten für den Teig miteinander verkneten (weiche Konsistenz), Rosinen unterkneten. Diese können nach Belieben zuvor in Rum eingelegt werden. Eine Gugelhupfform zu ca. einem Drittel mit Hefeteig befüllen. Nach dem Treiben (der Teig schaut etwas über den Rand der Form) bei 220° ca. 30 Min. backen. Mit Puderzucker bestäuben.

Schwarzwälder Kirschdorde

[Schwarzwälder Kirschtorte]

Für den Biskuitteig:
- *6 Eier*
- *250 g Zucker*
- *150 g Mehl*
- *80 g Speisestärke*
- *2 TL Backpulver*
- *50 g Kakaopulver*

Für den Mürbeteigboden:
- *100 g Zucker*
- *200 g Butter*
- *300 g Mehl*
- *1 Prise Salz*
- *2 Eier*

Für die Kirschfüllung:
- *500 g Sauerkirschen aus dem Glas*
- *250 ml Sauerkirschsaft*
- *3 EL Zucker*
- *2 EL Speisestärke*

Für die Sahnefüllung:
- *1 l Sahne*
- *70 g Zucker*
- *3 Pck. Sahnesteif*
- *100 ml Kirschwasser*

- *Marmelade (z.B. Himbeer)*
- *16 Dekokirschen*
- *Schokoladenspäne*

Für den Biskuitteig die Eier trennen. Eigelb mit 3 Esslöffeln warmen Wassers gut schaumig schlagen. 150 g Zucker zugeben und so lange schlagen, bis eine helle cremige Masse entsteht.
Eiweiß sehr steif schlagen, dabei die restlichen 100 g Zucker nach und nach einrieseln lassen. Eischnee und Eigelb zusammenfügen. Restliche Zutaten darüber sieben und mit einem Gummilöffel locker

unterheben. Biskuitmasse in eine Form füllen und bei 180° ca. 40 Min. backen. Die Probe machen: Beim Draufdrücken muss der Boden wieder hoch kommen. Oder mit einem Messer einstechen. (Es darf kein Teig mehr kleben bleiben). Biskuit abkühlen lassen.

Die Zutaten für den Mürbeteigboden miteinander verkneten. Teig ausrollen, eine runde Form damit auslegen und mit einer Gabel mehrfach einstechen. Mit Backpapier auslegen, getrocknete Hülsenfrüchte zum Blindbacken einfüllen und bei 180° goldbraun backen.

Kirschsaft mit Zucker aufkochen. Stärke mit etwas kaltem Wasser anrühren und zum Kirschsaft geben, aufkochen lassen und die Kirschen zugeben. Vorsichtig umrühren, kurz aufkochen. Abkühlen lassen. Sahne aufschlagen. Zucker, Sahnesteif und Kirschwasser unterheben.

Den Biskuitboden waagerecht in drei gleichmäßige Scheiben schneiden. Den ersten Boden auf den mit Marmelade bestrichenen Mürbeteigboden legen, Kirschfüllung darauf geben.

Dann eine Schicht Sahne, einen Biskuitboden, wieder eine Schicht Sahne und den dritten Biskuitboden darauf geben. Die Torte außen mit Sahne einstreichen und mit Sauerkirschen und Schokoladenspänen garnieren.

Tipp:

Die Biskuitböden vor dem Zusammensetzen mit einer Kirschwasser-Zuckerwasser-Mischung tränken. Dazu 100 ml Wasser mit 100 g Zucker kochen, bis sich der Zucker auflöst. Dann 1:1 mit Kirschwasser verdünnen.

Auch dem Nachbarn schmeckt's

Jürgen Michelbach *Bäckerei · Konditorei Michelbach Breisach*

Nicht aus dem Stadtbild von Breisach wegzudenken ist seit 1982 die Bäckerei der Familie Michelbach, nicht weit vom Specktor entfernt. Michelbach ist einer der letzten beiden Bäcker, die in der historischen Europa- und Münsterstadt ihr Handwerk ausüben und damit ein Stück Kulturgeschichte lebendig halten.

Hier nimmt man sich noch Zeit für gute Qualität: So wird den Brötchen eine Teigruhe von 20 Stunden gegönnt, damit sie ihren ganz besonderen Geschmack entwickeln und eine Rösche erhalten, wie man sie sich am Frühstückstisch wünscht. Jeden Tag setzt Jürgen Michelbach frisch Sauerteig für seine Brote an. In deren Genuss kommen auch viele Kunden aus dem Elsass, die besonders das Roggenmischbrot schätzen und gleich für die ganze Nachbarschaft mitbestellen.

Aufgrund der hohen Cafédichte im Breisacher Stadtzentrum sieht die Bäckerei Michelbach ihren Schwerpunkt weniger im Kuchen- und Tortenbereich, punktet jedoch im Sommer mit ihren fruchtigen Wähen und in der Weihnachtszeit mit Spezialitäten wie Kirschstollen, Apfel-, Nuss- oder Dinkelvollkornstollen, die man im Discounter auf der grünen Wiese garantiert nicht findet.

Nicht nur Schulen, Kliniken und Hotels verlassen sich auf die Qualität und Lieferfähigkeit dieses Betriebes – auch für die Urlauber auf den Wohnmobil- und Campingplätzen rund um Breisach sind Michelbachs Brötchen eine feste Größe im Tagesablauf.

Dass diese Bäckerei stets offen für neue Wege ist, zeigt sich auch an ihrem Web-Shop, in dem man hausgemachtes Knäckebrot und Snacks in den würzigsten Variationen bestellen kann. Für alle, die hausgemachte Nudeln bevorzugen, hat Michelbach übrigens auch noch eine schöne Auswahl zu bieten. Breite. Schmale. Feine. Nach Lust und Liebe eben...

Sandschdolle

[Sandstollen]

- *70 g Weizenmehl Type 550*
- *70 g Speisestärke*
- *8 g Backpulver*
- *140 g Puderzucker*
- *3 Eier*
- *150 g Öl*
- *1 Prise Salz*
- *Vanillearoma nach Belieben*

Eine Kastenform fetten und mit Mehl ausstreuen. Alle Zutaten zusammen in eine Schüssel geben und ca. 3-4 Min. auf mittlerer Stufe verrühren. Die Kuchenform maximal bis zur Hälfte mit dem Teig befüllen. Bei 200° in den Ofen schieben.
Nach 10 Min. den Kuchen der Länge nach mit einem Messer 1 cm tief einritzen. Auf 170-180° herunterschalten und nochmals 35-40 Min. backen.

Tipp:
Rührt man die Masse zu lange, geht der Teig nicht mehr schön auf. Übrigens: Dem Öl verdankt dieser Kuchen, dass er so toll saftig bleibt.

Früchdegrokand

[Früchtekrokant]

für 500 g

- *120 g Zucker*
- *45 g Butter*
- *45 g Honig*
- *40 g Marzipanrohmasse*
- *110 g getrocknete Früchte (z.B. Ananas, Aprikosen, Pflaumen)*
- *20 g Orangeat*
- *50 g Haselnüsse, grob gemahlen*
- *40 g Mandelstifte*
- *40 g Mandelblättchen*
- *1 Prise Salz*
- *Vanillearoma*

Zum Schluss:
- *170-230 g Kuvertüre*

Haselnüsse und Mandeln in einer Pfanne ohne Fett leicht rösten. Zucker in einem Topf schmelzen, mit Butter (Raumtemperatur) abschrecken und rühren, bis sich eine schöne Masse bildet. Honig dazugeben. Marzipan und schließlich die restlichen Zutaten unterrühren. Die Masse auf eine geölte Marmorplatte oder geöltes Backpapier streichen und auf eine Höhe von 1 cm ausrollen. Auskühlen und fest werden lassen. 20-30 g Kuvertüre schmelzen und den Früchtekrokant dünn damit bestreichen. Fest werden lassen. Den Krokant in Stücke von 3 x 1,5 cm schneiden. Die Stücke umdrehen und jedes mit einer Gabel bis zur Oberkante in die restliche geschmolzene Kuvertüre tauchen. Auf einem Gitter fest werden lassen.

Norwegisch's Knäggebrood

[Norwegisches Knäckebrot]

Tipp:
Wenn man den Teig nur 1,5 mm dünn ausrollt und Quadrate von 3 x 3 cm schneidet, erhält man Cracker zum Knabbern.

Für das Quellstück:
- 25 g Sonnenblumenkerne
- 25 g Leinsamen
- 25 g Sesam
- 85 g Wasser

Für den Teig:
- 110 g Sauerteig (vom Bäcker)
- 60 g Weizenmehl Type 1150
- 125 g Weizenmehl Type 550
- 150 g Weizenvollkornmehl
- 170 g Wasser
- 12 g Hefe
- 10 g Salz

Zum Schluss:
- Belag: z.B. Mohn, Sesam, grob gemahlene Haselnüsse, Mandeln oder Kürbiskerne, Käse, Pizzagewürz oder Schwarzkümmel nach Belieben

Am Vortag die Zutaten für das Quellstück vermischen und stehen lassen. Am nächsten Tag das Quellstück mit dem Sauerteig und den restlichen Zutaten in eine Schüssel geben. 3 Min. langsam und 3 Min. schnell rühren. Teig bei Zimmertemperatur ca. 30 Min. ruhen lassen. Danach für 30-60 Min. in den Kühlschrank stellen. Teig auf einem mit Backpapier belegten Blech 2 mm dünn ausrollen. In rechteckige Scheiben schneiden. Mit Salzwasser (10 g Salz auf 100 ml Wasser) bestreichen und mit einem Belag nach Wahl bestreuen. Bei 180° 5 Min. anbacken, danach bei 130° ca. 50 Min. fertig backen.

Eine Bäckerei roggt Freiburg

Wolfgang Pfeifle *Bäckerei Pfeifle Freiburg*

In Zeiten, in denen Brot und Brötchen Gefahr laufen, zu austauschbaren Massenartikeln zu verkommen, geht die Bäckerei Pfeifle konsequent den Weg einer Freiburger Markenstrategie. Unüblich in der Branche: Bäckermeister Wolfgang Pfeifle und sein Team haben das Brot- und Brötchensortiment des Betriebs auf ausgewählte Sorten reduziert. Jedes Produkt hat auf diese Weise noch stärkere Alleinstellungsmerkmale, gemeinsam haben sie einen engen Bezug zu Freiburg, der sich in der Namensgebung widerspiegelt. Da gibt es das legendäre Oberlindenbrot, ein Freiburger Original, dessen Rezeptur zwischen 100 und 200 Jahre alt ist. Oder das herzhafte Roggenmischbrot namens Augustinerlaib, die knusprige lange Münster-Flûte und das „Friburger Bengele“, das einzig echte Pain Paillasse.

Aus Überzeugung hat Wolfgang Pfeifle seine Backstube in Freiburg-Haslach auf Natur-Tuffsteinöfen umgestellt, die den Geschmack und die Frischhaltung der Back-Spezialitäten nochmals verbessern. Die wichtigsten Bestandteile des Erfolgsrezepts von Pfeifles Backwaren sind darüber hinaus viel Zeit für die Teigreifung, ausgesuchte regionale Zutaten, die Nähe zu den elf Verkaufsstellen und nicht zuletzt die Lust, die Ursprünge des Backens wiederzuentdecken.

Die Liebe zum Bäckerhandwerk macht sich besonders bemerkbar, wenn man eine Brotdegustation mit Wolfgang Pfeifle miterlebt, die in puncto Sensorik und Begeisterung der Weindegustation eines Kellermeisters gleichkommt. Pfeifles Philosophie ist, dass Touristen, Wahlfreiburger und „Bobbele“, wie man die Einheimischen nennt, in seinen Produkten ein gebackenes Stück Freiburger Kultur erleben, das seit 1906 von dieser Bäckerfamilie gepflegt wird.

Heißi Haslacher Seele

[Heiße Haslacher Seele]

- *1 Haslacher Seele von Pfeifle*
- *3-4 Scheiben gekochter Schinken*
- *2-3 Scheiben Gouda*
- *1 Port. Butter*
- *1 Essiggurke*

Eine knackfrische Haslacher Seele der Länge nach aufschneiden und mit Butter bestreichen. Zuerst den Schinken, danach die in Scheiben geschnittene Essiggurke und zum Schluss den Gouda auf die untere Hälfte der Seele legen.

Die belegte Seele im Ofen bei 130° überbacken, bis der Käse schmilzt. Das Oberteil der Seele ebenso im Ofen etwas anbacken, so dass es schön kross wird. Den Deckel auf die belegte Hälfte legen und sofort servieren.

Tipp:
Nach Belieben kann man den geschmolzenen Käse mit Paprikapulver bestreuen.

Oberlinden Croûte Senior

- *2 Scheiben von Pfeifles Oberlindenbrot*
- *2-4 Scheiben gekochter Schinken*
- *200 g Gruyere, gerieben*
- *Paprikapulver*

Das Oberlindenbrot in dickere Scheiben schneiden. Brotscheiben mit dem Schinken belegen und den geriebenen Gruyere auf das belegte Brot streuen. Im Backofen bei ca. 160-180° überbacken, bis der Käse schmilzt und zu bräunen beginnt. Nach Belieben mit Paprikapulver bestreuen.

Tipp:

Eine Variante ist die Oberlinden Croûte Madame mit einem Spiegelei auf dem überbackenen Gruyere.

Mediterrane Broodsalad à la Münsterflûte

[Mediterraner Brotsalat à la Münsterflûte]

- *Pfeifles Münsterflûte (vom Vortag)*
- *2 Knoblauchzehen*
- *3 Paprikaschoten, rot, gelb und grün*
- *500 g Tomaten*
- *70 g Oliven nach Belieben*
- *70 g Kapern nach Belieben*
- *100 ml Olivenöl*
- *3 EL Aceto balsamico*
- *3 EL frischer Basilikum*
- *Salz und Pfeffer*

Brot in mundgerechte Stücke schneiden. Knoblauch schälen und durchpressen. Paprikaschoten in Streifen oder Würfel, Tomaten in Stücke schneiden. Öl, Balsamico, Salz und Pfeffer zu einer Marinade verrühren. Alle Zutaten mit der Marinade durchmischen. Zuletzt Basilikum dazugeben und bei Bedarf den Salat mit Salz und Pfeffer abschmecken. Sofort servieren.

Tipp: Etwas Olivenöl leicht erwärmen und kurz vor dem Servieren übergießen.

Wie zu Omas Zeiten

Friedrich Rinklin *Rinklin-Beck Bötzingen*

Wenn es am Kaiserstuhl etwas zu feiern gibt und ein meterlanger, vier Kilo schwerer Hefezopf die Gäste anlacht, könnte er vom „Rinklin-Beck" aus Bötzingen sein.

Seit 1998 trägt die Bäckerei, die vom Jahr 1850 an untrennbar mit der Geschichte der Familie Sexauer verbunden ist, ihren alemannisch inspirierten Namen. Friedrich Rinklin, der ursprünglich in einem Metallberuf zuhause war, erlernte der Liebe wegen bei Schwiegervater Adalbert Sexauer das Bäckerhandwerk. Seit der Übergabe führen seine Frau Birgit und er den Traditionsbetrieb, der in der Region vor allem für sein rustikales Holzofenbrot bekannt ist. Mit oder ohne Kümmel, auf Wunsch auch in Bio-Qualität, ist es im Bötzinger Laden, auf den Wochenmärkten in den Freiburger Stadtteilen Stühlinger und Rieselfeld und an vielen Stationen im Breisgau erhältlich, die von Rinklins Verkaufsmobil angefahren werden.

Wie zu Omas Zeiten schmecken beim Rinklin-Beck immer noch der Gugelhupf, der zum Teil in uralten Tonformen gebacken wird, und die „seäße Stickli" wie Schneckennudeln & Co., die alle mit reiner Butter und einem Vorteig gemacht werden. Und genau so viel Zeit wie die Großmutter von damals nimmt sich das Backstuben-Team heute, wenn es – auf neudeutsch „Slow Baking" genannt – Vorteige und Natursauerteig ansetzt und den Broten eine besonders lange Teigführung gönnt.

Dass die früheren Inhaber dieser Dorfbäckerei bis Anfang der 1960er Jahre morgens Bäcker und für den Rest des Tages Landwirte waren, wissen heute nicht mehr viele Einwohner.

Adalbert Sexauer war der Erste, der sich ganz auf das Bäckerhandwerk konzentrierte. Noch gut kann er sich daran erinnern, wie die Backwaren in der „Hudde"* mit dem Fahrrad ausgefahren und in die Stofftaschen gesteckt wurden, die die Leute an die Fensterläden hingen. Heute genießt der Senior-Chef den Ruhestand – jedoch immer zur Weihnachtszeit auch das Backen seiner Spezialität, der Springerle...

*großer Korb mit Tragegurten

's Rinkli-Becks Nussbrood

[Rinklin-Becks Walnussbrot]

für 4-5 Stück

- *1000 g Wasser*
- *1500 g Weizenschrot*
- *30 g Meersalz*
- *15 g Hefe*
- *100 g Sauerteig (vom Bäcker)*
- *350 g Walnüsse*

Wasser, Weizenschrot, Meersalz, Hefe und Sauerteig zusammen ca. 7 Min. kneten. Walnüsse zum Schluss unterkneten. Brotlaibe formen und bis zur doppelten Größe aufgehen lassen. Bei 230° ca. 40 Min. backen.

Greäseblotzer

[Kirschplotzer]

- *1 l Milch*
- *1 kg altbackenes Hefegebäck*
- *250 g Nüsse, grob gemahlen*
- *250 g Zucker*
- *200 g Butter*
- *100 g Vanille-Puddingpulver*
- *1 TL Zimt*
- *1/2 TL Nelken, gemahlen*
- *8 g Vanillezucker*
- *Saft von 1/2 Zitrone*
- *2 kg Süßkirschen, entsteint*

Hefegebäck in kleine Stücke schneiden und mit der aufgekochten Milch übergießen. Alle Zutaten miteinander vermengen und die Masse auf ein gefettetes, hohes, viereckiges Blech streichen. Bei 200° in den Ofen schieben und kurz danach auf 180° herunterschalten. Je nach Kuchenhöhe ca. 1 Std. backen.

Grooßvadders Schbringerli

[Großvaters Springerle]

für ca. 100 Stück im Format 5x7 cm bzw. 6x8 cm

- *4 Eier*
- *500 g Puderzucker*
- *1 Prise Salz*
- *500 g Mehl*
- *2 EL Anissamen*

Senior-Chef Adalbert Sexauer als junger Mann in den 1950er Jahren mit Vater Jakob, Mutter Luise und einem Onkel aus Amerika (von rechts).

Eier und Zucker 20 Min. schaumig rühren. Mehl unterrühren. Den Teig gut durchkneten. Die Arbeitsfläche mit Mehl bestäuben. Teig darauf 7 mm dick ausrollen. Bemehlte Springerle-Model darauf legen und fest eindrücken. Weiter so verfahren, bis die gesamte Teigfläche bedruckt ist. Die einzelnen Plätzchen ausrädeln oder ausschneiden. Mit einem Messer auf gefettete, dünn mit Anis bestreute Backbleche legen. 12 Stunden stehen lassen. Springerle im Backofen auf der mittleren Schiene bei 140° 14-16 Min. backen. Das Gebäck sollte weiß bleiben und gleichmäßig hoch werden.

Die Lizenz für Geschmack

Norman und Mario Ritter *Dorfbäckerei Ritter Vörstetten*

Früher, da ging man auch zum „Ritter-Beck“, wenn man Senf, Tabak oder ein Stück Seife besorgen oder ein Paket aufgeben wollte. Doch die Zeiten des Kolonialwarenladens und der Poststelle sind längst vorbei. Heute versteht sich diese Dorfbäckerei, die seit 1887 im Besitz der Familie Ritter ist, als Treffpunkt für Brotfreunde, die die badische Backkultur schätzen und kulinarisch auf dem Boden geblieben sind.

Ursprünglichkeit, Traditionsbewusstsein und viel Zeit ergeben zusammen das Rezept von Bäckermeister Mario Ritter, der im Jahr 2000 beim Bau seiner neuen Produktionsstätte daran gedacht hat, wie man vor 100 Jahren gebacken hat. Ein 70 Tonnen wiegender, gemauerter Holzbackofen, fast so schwer wie eine Lokomotive, ist seither das Herz- und Schmuckstück von Ritters Backstube. Mit Buchenholzscheitern, die für einen einzigartigen Geschmack sorgen, wird der Ofen auf über 300° aufgeheizt, um später ein herrlich rustikales Holzofenbrot und Holzofenkornbrot hervorzubringen.

Gemeinsam mit seinem Sohn Norman, der ebenfalls Bäckermeister ist, und dem ganzen Backstuben-Team hat Mario Ritter jedoch noch mehr Spezialitäten zu bieten. Das „Ritterli“ ist so eine – dahinter verbirgt sich ein „Weckli“ mit knackiger Kruste, das eine lange Teigruhe bekommt, um feine Geschmacks- und Aromanoten zu entwickeln. Eine Besonderheit im Sortiment ist auch das „Pain Paillasse“, eine geschützte Schweizer Brotspezialität aus gedrehtem Teig, für deren Herstellung Ritter als erster Fachbäcker in Deutschland die Lizenz erhielt.

Die größte Leidenschaft von Mario Ritter – auch in der Freizeit – ist das Brotbacken. Wenn dann auch noch ein Stück Schwarzwälder Speck in Reichweite ist, ist für den Badener die Welt in Ordnung.

's Grooßilis Broodrezept

[Omas Brotrezept]

für 6 Brote

- *5 kg Mischmehl Type 1000 (aus dem Mühlenladen)*
- *100 g Salz*
- *15 g Hefe*
- *3.300 g Wasser*

Alle Zutaten 6 Min. langsam und 4 Min. schnell verkneten. 8-10 Std. gehen lassen. 6 Brote à 1.200 g abwiegen, rund formen und mit dem Schluss (Teignaht) in etwas Mehl setzen. Ca. 30 Min. ruhen lassen. Brote drehen und mit dem bemehlten Schluss nach oben in das untere Drittel des Backofens geben. Bei 250° ca. 50-60 Min. backen.

Tipp:

Nach ca. 50 Min. ein Brot drehen und mit dem Finger auf die Unterseite klopfen. Wenn es hohl klingt, ist das Brot fertig gebacken.

Flammeköäche

[Flammkuchen]

für 7 Stück

Für den Boden:
- *1 kg Weizenmehl Type 550*
- *20 g Salz*
- *10 g Zucker*
- *340 g Bier*
- *160 g Wasser*

Für den Belag:
- *100 g Weizenmehl Type 550*
- *250 g Speisequark*
- *500 g Sauerrahm*
- *20 g Salz*

Zutaten für den Boden gut kneten und kurz ruhen lassen. Teig in 7 Stücke teilen, jeweils rund ausrollen und auf Backpapier legen. Zutaten für den Belag gut vermengen und auf den Flammkuchenböden verteilen. Den Ofen mit einem Backblech im oberen Drittel des Ofens auf 250° vorheizen. Flammkuchen mit Backpapier auf das heiße Blech setzen und ca. 8 Min. backen.

Tipp:

Alternativ kann man für den Belag auch 400 g Crème fraîche, gewürzt mit Salz und Pfeffer, sowie 300 g Speckwürfel und 300 g Zwiebelringe verwenden.

Lufdige Häffezopf

[Luftiger Hefezopf]

für 5 Stück

- *1 kg Weizenmehl Type 550*
- *200 g Butter*
- *60 g Hefe*
- *170 g Zucker*
- *500 ml Milch*
- *2 Eier*
- *16 g Salz*
- *Mark von 1 Vanilleschote*
- *1 Prise geriebene Zitronenschale (unbehandelt)*

Zum Schluss:

- *Ei zum Bestreichen*

Milch etwas erwärmen, Butter langsam darin zergehen lassen. Restliche Zutaten in eine Rührschüssel der Küchenmaschine geben oder von Hand kneten. Butter-Milch-Mischung zugeben und daraus ca. 10 Min. einen Teig kneten, bis er sich von der Schüssel löst. Teig herausholen, etwas rund kneten und leicht mit Mehl bestäuben. Mit einem Tuch abdecken und ca. 60 Min. ruhen lassen. Teig in Stücke à 400 g abwiegen. Aus den Teigstücken jeweils 3 gleichmäßige Stränge formen und Zöpfe daraus flechten. Fertige Zöpfe mit verquirltem Ei bestreichen und noch etwas gehen lassen. Bei 170° ca. 30 Min. backen.

Power aus jeder Perspektive

Mirco Rösch *Backhüs · Café Rösch Riegel*

Mirco Rösch lässt es gerne laufen – sei es in der Backstube, beim Weckle- und Brezeln-„Aufschaffen“, oder in seiner Freizeit, die er ab und zu mit hohem Tempo auf Formel-1-Rennstrecken verbringt.

Der junge Meister hat bereits mit 24 Jahren die Bäckerei mit Café von seinem Vater übernommen. Doch schon als kleiner Junge, als er gerade einmal über die Tischkante blicken konnte, stand er in der Backstube und half den „Großen“ beim Mohnwecklemachen. Nach seiner Lehre beim Vater und weiteren beruflichen Stationen, an denen er Praxiserfahrung sammelte, stieg Mirco Rösch in den elterlichen Betrieb ein. Rezepturen, Produktionsabläufe, Sortimentsgestaltung und Vertriebswege passte er mit den Jahren seinen Vorstellungen an, wobei ihm auch seine Lebensgefährtin, die er im eigenen Betrieb kennen- und liebengelernt hat, eine große Stütze ist.

Mit seiner breiten Auswahl an Kuchen und Torten begeistert das Backhüs Café Rösch Kunden aus dem ganzen Landkreis Emmendingen, Freiburg sowie Besucher der örtlichen Kunsthalle, die aus ganz Baden-Württemberg nach Riegel pilgern und sich bei den Röschs eine kleine Auszeit gönnen. Im freundlich eingerichteten Café können die Gäste frühmorgens schon mit einem Vitalfrühstück oder einer deftigen Variante gestärkt in den Tag starten.

Auch außerhalb von Riegel ist das Backhüs Café Rösch präsent: auf den Wochenmärkten in Freiburg-Landwasser, Kollnau und St. Georgen oder mit einem Imbissstand in Nimburg, der Anlaufpunkt für hungrige Handwerker und Lkw-Fahrer ist. Nur an vier Tagen im Jahr, am 1. Januar, am Fasnetssonntag und an den Weihnachtsfeiertagen, bleibt im Backhüs Rösch der Ofen kalt. In der übrigen Zeit kann so viel Engagement, Leidenschaft und Herzblut für das Bäckerhandwerk vom Verbraucher entsprechend gewürdigt werden.

's Röschs Büürebrood

[Röschs Bauernbrot]

für 1 Kilo-Brot und 1 Pfund-Brot

Für den Sauerteig:
- *56 g Anstellgut (vom Bäcker oder aus dem Mühlenladen)*
- *280 g Roggenmehl*
- *225 g Wasser*

Für den Teig:
- *Sauerteig (siehe oben)*
- *300 g Roggenmehl Type 1370*
- *420 g Weizenmehl Type 812*
- *15 g Salz*
- *15 g Hefe*
- *420 ml Wasser*

Zutaten für den Sauerteig vermischen und 15-20 Std. in einem Gefäß stehen lassen. Für den Teig alle Zutaten zusammen mit dem Sauerteig verkneten. 20-25 Min. ruhen lassen. Teig in Laibe aufteilen, in Roggenmehl aufarbeiten und mit dem Schluss (Teignaht) auf ein Blech legen. Ca. 1 Std. bei Raumtemperatur stehen lassen. Die Brote vor dem Backen drehen, so dass sie schön reißen können. Bei 240° in den Ofen schieben und kurz danach auf 200° herunterschalten. Insgesamt ca. 50 Min. backen (Brot muss sich beim Klopfen hohl anhören).

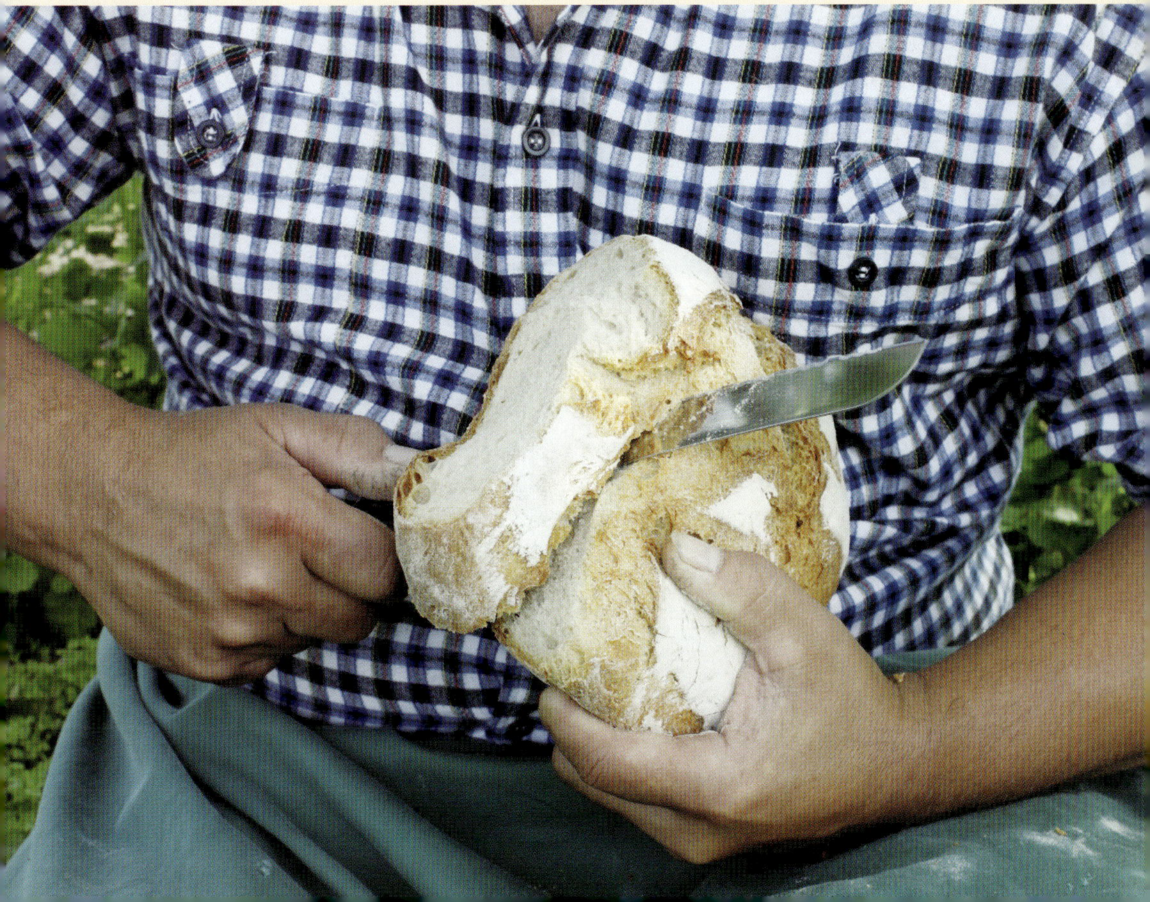

Fejne Marmorköäche

[Feiner Marmorkuchen]

- *125 g Mehl*
- *125 g Speisestärke*
- *200 g Butter*
- *250 g Zucker*
- *300 g Frischei oder Vollei (pasteurisiert)*
- *Salz*
- *1/2 Pck. Backpulver*
- *Aroma nach Belieben*
- *20 g Kakao*
- *Öl*

Zum Schluss:
- *Kuvertüre und weiße Schokolade*

Nach dem Ein-Kessel-Verfahren Butter, Zucker und Eier schaumig rühren. Mehl, Speisestärke und Backpulver nach und nach unterrühren, Salz und Aroma hinzufügen. Ca. ein Drittel der Masse separat mit Kakao versetzen (ein bisschen Öl zugeben, so dass die Masse nicht zu fest wird). Die helle Masse in eine gefettete und gemehlte Kastenform füllen. Die dunkle Masse obenauf geben und mit einer Gabel spiralförmig durchziehen. Nach kurzer Anbackzeit bei flotter Hitze (ca. 220°) den Kuchen in Längsrichtung einschneiden, um die Ausbundbildung an der gewünschten Stelle zu erzielen. Auf ca. 180° herunterschalten und den Marmorkuchen insgesamt ca. 40 Min. backen. Frühzeitig Stäbchenprobe machen! Mit geschmolzener Kuvertüre überziehen und mit weißer Schokolade verzieren.

Tipp:

Umso höher der Mehlanteil ist, desto fester wird die Krume.

Nussegge

[Nussecken]

für ca. 30 Stück

- *200 g Kuvertüre oder Schokoglasur*

Für den Mürbeteig:

- *100 g Butter oder Margarine*
- *100 g Zucker*
- *220 g Mehl*

Für den Belag:

- *4 EL Aprikosenkonfitüre*
- *200 g Butter oder Margarine*
- *200 g Zucker*
- *2 Pck. Vanillezucker*
- *200 g Haselnüsse, gemahlen*
- *200 g Haselnüsse, gehackt*
- *3 EL Wasser*

Für den Mürbeteig Butter mit Zucker verrühren, Mehl zugeben. Teig auf einem eingefetteten Backblech ausrollen und ca. 5-8 Min. bei 220° vorbacken. Abkühlen lassen.

Aprikosenkonfitüre auf den Mürbeteig streichen. Butter, Zucker und Vanillezucker erhitzen, bis sich der Zucker löst. Nüsse mischen und Wasser zugeben. In die Butter-Zucker-Masse geben und alles auf dem Teigboden verteilen. Bei 180° ca. 25-30 Min. backen. Die Nussecken noch warm in Streifen schneiden, danach in Rechtecke und diese wieder in Dreiecke. Die Ecken in geschmolzene Kuvertüre oder Schokoglasur tauchen.

Fürs Leben gern backen

Alfred Schwab *Bäckerei · Konditorei · Café Schwab Wyhl*

Wyhl hat turbulente Zeiten hinter sich. Etwas beschaulicher ging es derweil schon immer im traditionsreichen Familienbetrieb von Bäckermeister Alfred Schwab zu. Sein Großvater war es, der in den 1920er Jahren den „Löwen" in Wyhl erwarb. Dessen Sohn Max begann nach dem zweiten Weltkrieg, für die Cegospieler unter seinen Gästen Salzwecken und Schneckennudeln zu backen. Die Bäckerei wurde in den folgenden Jahrzehnten immer mehr zum Schwerpunkt, bis schließlich Alfred Schwab in dritter Generation nach dem Umbau im Jahr 1978 mit seiner Frau Ursula eine Bäckerei und Konditorei mit Tagescafé daraus machte.

In dem kleinen Café auf dem Lande scheinen sich die Uhren zum Wohlgefallen der Gäste ein wenig langsamer zu drehen. Man sucht sich eine der gemütlichen Ecken aus, genießt seine freie Zeit bei einer Tasse Kaffee und einem Nussschiffchen oder der „Haustorte", falls man sich nicht gleich eine „Heiße Sünde" – Kaffee mit Vanilleeis und einem Schuss Weinbrand – bestellt. Im Sommer ist es nicht nur das hausgemachte Eis, das die Großen und die Kleinen anlockt, sondern auch die über 100 Jahre alte Kastanie in der Gartenwirtschaft vor dem Haus, die ihren Schatten auf durstige Radfahrer wirft.

Alfred Schwab ist ein Bäcker der alten Schule, der sein Handwerk versteht und gemeinsam mit seinem Mitarbeiter Patrik Vetter, der ihm schon über 25 Jahre die Treue hält, nicht müde wird, seine Kunden immer wieder mit etwas Neuem zu überraschen – zum Beispiel mit dem Überraschungsbrot, das in Frankreich „Pain Surprise" heißt und sich zu besonderen Anlässen als perfektes Fingerfood erweist. Man könnte auch sagen: Diese Bäckerei begleitet ihre Kunden durchs Leben. Nicht selten macht Alfred Schwab für junge Paare eine Hochzeitstorte, deren Eltern ihre Hochzeitstorte schon bei ihm in Auftrag gaben. Und manchmal dient das kleine Café mit seinen feinen Backwaren auch als Seelentröster, wenn Wyhler Familien nach dem Abschied von einem lieben Menschen noch ein wenig zusammensitzen möchten. Es ist eben mehr als Backen, was Alfred Schwab mit seinem Team hier bietet.

Zimt-Hefeschnägge

[Zimt-Hefeschnecken]

für ca. 10-12 Stück

Für den Teig:
- *500 g Mehl Type 405 oder 550*
- *60 g Zucker*
- *60 g Margarine*
- *1 Ei*
- *200 g Milch*
- *20 g Hefe*
- *1 Prise Salz*
- *abgeriebene Schale 1/2 Zitrone (unbehandelt)*

Auf den Teig:
- *Öl oder zerlassene Butter*
- *Zimtzucker*
- *Rosinen nach Belieben*

Zum Schluss:
- *100 g Aprikosenkonfitüre*
- *Puderzucker*
- *Saft 1/2 Zitrone*

Zutaten für den Teig miteinander verkneten und den Teig abgedeckt ca. 15 Min. gehen lassen. Teig ausrollen, so dass eine rechteckige Platte entsteht. Mit Öl oder zerlassener Butter bestreichen. Zimtzucker aufstreuen, nach Belieben Rosinen dazugeben. Teigplatte zu einer Rolle aufrollen und diese in Stücke à ca. 100 g schneiden. Ein Blech mit Backpapier belegen und die Schnecken darauf verteilen. Sobald sich ihr Volumen verdoppelt hat, bei ca. 180° 15 Min. backen. Nach dem Backen mit heißer Aprikosenkonfitüre bestreichen. Nach dem Erkalten mit einer Glasur aus Puderzucker und Zitronensaft bestreichen.

Schogladigi Banane

[Schokobananen]

für 10 Stück

- *5 Bananen*
- *300 g Schokoglasur oder Kuvertüre*
- *weiße Schokolade*

Für den Biskuitteig:

- *6 Eier*
- *240 g Zucker*
- *1 Pck. Vanillezucker*
- *180 g Mehl*

Für die Buttercreme:

- *1 Pck. Vanille-Puddingpulver*
- *300 g Butter*
- *100 g Zucker*

Eier, Zucker und Vanillezucker mit einem Rührgerät auf höchster Stufe ca. 10 Min. rühren (die Masse muss sich danach verdreifacht haben). Mehl mit dem Schneebesen leicht unterheben. Biskuitteig auf ein mit Backpapier belegtes Blech streichen und bei 180° ca. 10 Min. hellbraun backen.

Vanillepudding nach Packungsanweisung kochen und erkalten lassen. Butter mit Zucker schaumig rühren. Pudding esslöffelweise unterrühren.

Bananen schälen und der Länge nach aufschneiden. Halbe Bananen auf den Biskuit legen und passende rechteckige Stücke ausschneiden. Auf jedes Biskuitstück einen Streifen Buttercreme spritzen und die halbe Banane auflegen. Für ca. 15 Min. zum Festwerden in den Kühlschrank stellen. Bananenschnitten mit Schokoglasur oder Kuvertüre überziehen. Mit geschmolzener weißer Schokolade feine Streifen aufbringen.

Epfelschmandköäche

[Apfelschmandkuchen]

- 1 kg Äpfel
- Zimt

Für den Mürbeteig:
- 300 g Mehl
- 125 g Puderzucker
- 2 Eigelb
- 2 EL Milch
- 1 Pck. Vanillezucker
- 1/2 Pck. Backpulver
- 1 Prise Salz
- 125 g Butter

Für den Guss:
- 500 g Schmand
- 4 Eier
- 100 g Vanille-Puddingpulver
- 100 g Zucker
- Vanillearoma
- abgeriebene Schale 1/2 Zitrone

Zum Schlusss:
- Puderzucker

Für den Mürbeteig die trockenen Zutaten vermischen, die restlichen Zutaten unterkneten. Vor dem Weiterverarbeiten kühl stellen.
Äpfel schälen und Kerngehäuse ausstechen. Äpfel in 2 mm dicke Scheiben hobeln und in einer mit Mürbeteig ausgelegten runden Kuchenform ziegelförmig schichten. Mit Zimt bestäuben. Zutaten für den Guss verrühren und über die Äpfel geben.
Bei 180° ca. 35 Min. backen. Nach dem Auskühlen mit Puderzucker bestäuben.

Bonanzaweckli vom Kaiserstuhl

Matthias Schwehr *Bäckerei Schwehr* *Endingen*

Es gibt sie noch, die „kleine Dorfbäckerei am Kaiserstuhl", wie Matthias Schwehr seinen Betrieb so schön nennt. Kenner wissen, dass es in der Dielenmarktstraße die gebackenen Köstlichkeiten gibt, mit denen sie in ihrem Heimatstädtchen groß geworden sind. In vierter Generation führt der rührige Handwerker seinen Traditionsbetrieb – seit 1898 liegt das Backen schon in den Händen der Familie Schwehr. Heute konzentriert sich der Bäckermeister vor allem auf die Herstellung von Brot, Brötchen und Kleingebäck. Einer seiner Klassiker ist das Halbweißbrot, ein Krustenbrot aus Roggen- und Weizenmehl, das in früheren Zeiten fast die einzige Brotsorte war. Seine vielen Stammkunden schätzen auch das große Weiße, das in Endingen „Stollenwecken" heißt, aber auch den Trend in Richtung Vollkorndinkelbrot und „Dinkelweckli". Richtig heiß sind die Kunden, die teilweise schon seit über vier Jahrzehnten den Schwehrs die Treue halten, auf die „Gipfili" – ein Muss zu einem gelungenen Endinger Frühstück. Dass Qualität und guter Geschmack sogar die Kreativität beflügeln, bemerkt man an den „Bonanzaweckli". Kunden haben den runden Milchwecken mit dem Karomuster „einfach so" diesen Namen gegeben. Auch typisch Schwehr: Seine Laugenbrezeln backt er auf die badische Art. Das erkennt man daran, dass die „Ärmchen" in der Brezelmitte im Gegensatz zu den schwäbischen etwas dicker sind...

Gleichzeitig schwört Matthias Schwehr auf die Rezepte seines Großvaters Wilhelm, der aus seiner Sicht den genialsten Mürbeteig und Biskuit gemacht hat. Abwechslung im Jahreslauf bescheren ihm die saisonalen Spezialitäten: die Maibrezeln, das Adventsbrot oder die Weckmänner aus Milchweckteig, die nur noch selten auf diese Art gebacken werden. Zeit bleibt auch immer für die hauseigenen Löffelbiskuits, die so schön weich sind wie es sich gehört und die besonders bei den älteren Mitbürgern gefragt sind. Eine süße Antwort auf den demografischen Wandel...

Kaiserschdiähler Gruschdebrood

[Kaiserstühler Krustenbrot]

- *1 l Wasser*
- *50 g Hefe*
- *1500 g Weizen-Mehlmischung Type 700/1050/812 (im Mühlenladen fragen!)*
- *200 g Roggenmehl Type 1150*
- *30 g Salz*
- *50 g Trockensauerteig (aus dem Mühlenladen)*

Alle Zutaten zu einem nicht zu weichen Teig kneten. 10 Min. ruhen lassen. 570 g große Stücke abwiegen. Runde Laibe formen und mit dem Schluss nach oben (glatte Seite nach unten) in bestäubte Brotkörbe legen. Nach $^{3}/_{4}$ Std. umgedreht auf ein Blech mit Backpapier geben. Nach $^{1}/_{4}$ Std. mit dem Messer einmal einschneiden. Nochmals 10 Min. ruhen lassen. Bei 220° ca. 30 Min. backen.

Leffelbisquid

[Löffelbisquit]

für 40 Stück

- *5 Eier*
- *120 g Mehl Type 405*
- *30 g Speisestärke*
- *150 g Zucker*
- *etwas Zitronensaft oder Aroma*
- *etwas Vanillemark oder Aroma*
- *Vanillezucker*

Eier trennen. Eiweiß mit der Hälfte des Zuckers steif schlagen. Eigelb mit dem restlichen Zucker, etwas Zitrone und Vanille aufschlagen. Aufgeschlagenes Eigelb mit Mehl und Speisestärke unter das Eiweiß heben. Die Masse in einen Spritzbeutel mit kleiner Lochtülle füllen und kleine „knochenförmige" Streifen auf ein Blech mit Backpapier aufspritzen. Mit Vanillezucker bestreuen. Bei 180° ca. 10 Min. backen.

G'kochde Keesköäche

[Gekochter Käsekuchen]

Für den Mürbeteig:

- *375 g Weizenmehl Type 405*
- *12 g Backpulver*
- *250 g Zucker*
- *250 g Margarine*
- *1/8 l Milch*
- *etwas Zitronensaft oder Aroma*
- *etwas Vanillemark oder Aroma*

Für die Käsecreme:

- *2 Eier*
- *500 g Quark*
- *1/2 l Milch*
- *50 ml Sahne*
- *150 g Zucker*
- *etwas Zitronensaft oder Aroma*
- *etwas Vanillemark oder Aroma*
- *100 g Vanille-Puddingpulver*

Für den Mürbeteig Zucker, Margarine, Milch, Zitrone und Vanille vermengen. Sobald schön glatt, Mehl und Backpulver hinzugeben. Nicht überkneten! Bröselt der Teig, noch etwas Milch hinzugeben.
Mürbeteig dünn ausrollen und mit einem Tortenring (Ø 26 cm) ausstechen. Den Ring auf ein Blech mit Backpapier geben und den ausgestochenen Teig einlegen. Mit einer Gabel mehrmals einstechen und kurz anbacken. Den Restteig zu einer langen Wurst rollen und als Rand in die Form drücken.
Pudding kochen: 3/4 der Milch mit dem Zucker zum Kochen bringen. Ab und zu umrühren. Restliche Milch mit dem Cremepulver verrühren und unter stetigem Rühren in die kochende Milch geben. Solange rühren, bis der Pudding fertig ist. Quark, Eier, Vanille, Zitrone und Pudding vermischen, bis eine geschmeidige Masse entstanden ist. In den Ring geben und glatt streichen. Bei 190° ca. 1 Std. backen.

Kleine Kunden ganz groß

Roland Steimle *Bäckerei · Konditorei Steimle Kirchzarten*

Das Kuchen- und Tortenparadies im Schwarzwald – man findet es in der Bäckerei und Konditorei von Roland Steimle in Kirchzarten. Aus aller Herren Länder pilgern Liebhaber des Süßen an die lange Kuchentheke, wo es in allen Farben schillert und man sich kaum zwischen einem Traum aus Obst, Sahne, Krem oder Baiser zu entscheiden vermag. Obwohl die Steimles stark im Brotbacken sind und ihr Höllentäler Krustenbrot sowie das Meisterbrot auch schon vom wählerischen „Feinschmecker" gelobt wurden, hat sich die Konditorei in den letzten Jahren zum Zug- und Steckenpferd des Betriebs entwickelt.

Treibende Kräfte sind hier auch schon in der zweiten Generation zu finden: Sohn Mike (links), Bäckermeister und Konditor, und sein Bruder Timo, der die Meisterprüfung zum Konditor abgelegt hat, haben großen Spaß an ihrem Beruf, was sie mit immer wieder neuen Kreationen und Ideen zum Ausdruck bringen. Von diesem Spaß profitieren auch die Jüngsten in Kirchzarten und Umgebung: Immer vor dem Muttertag folgen sie dem Aufruf der Familie Steimle, in ihrer Backstube ein süßes Herz für die Mami zu kreieren. Bis zu 100 Kinder geben sich dann die Klinke in die Hand, werden verköstigt, unterhalten und beim Tortenverzieren angeleitet. Nicht weniger turbulent geht es bei den Steimles jedes Jahr am Fasnetssonntag zu, wenn beim Narrentreiben eine Guggenmusik nach der anderen in die komplett ausgeräumte Backstube marschiert und sich bei Kaffee und Kuchen aufwärmen darf. Die Urigkeit, die dabei herrscht, ist es, was diesen Betrieb für Einwohner und Touristen so sympathisch macht.

Begonnen hat alles einmal vor 26 Jahren in einer Hinterhofbäckerei in Freiburg. Dort hatte sich Sohn Mike, damals noch ein kleiner Knirps, beim Krabbeln unter der Ladentheke einmal in der Nougatring-Schublade verfangen. Das waren noch Zeiten...

Amareddo-Buddercreme-Dorde

[Amaretto-Buttercreme-Torte]

Für den Wiener Tortenboden:

- *300 g Ei*
- *250 g Zucker*
- *einige Tropfen Aroma (Vanille bzw. Zitrone)*
- *200 g Mehl Type 550*
- *70 g Kakao*
- *70 g Speisestärke*
- *15 g Backpulver*

Für die Buttercreme:

- *300 g Ei*
- *200 g Zucker*
- *1 Prise Salz*
- *Vanillearoma*
- *600 g Butter*
- *50 g Vollmilch-Kuvertüre*

Für die Amaretto-Tränke:

- *100 g Wasser*
- *100 g Zucker*
- *200 g Amaretto*

- *1 Packung Löffelbiskuits*
- *Krokant*
- *Amarettini*

Für den Tortenboden Ei mit Zucker und Aroma schaumig schlagen. Restliche Zutaten untermelieren und in einen Ring oder eine Springform (Ø 26 cm) füllen. Bei 180° 40-45 Min. backen. Boden stürzen und erkalten lassen.

Für die Füllung Ei und Zucker schaumig schlagen. Butter separat schaumig schlagen, mit Salz und Aroma zur Eimasse geben und alles zu einer glatten Creme rühren. Mit geschmolzener Kuvertüre verfeinern.

Für die Tränke Wasser mit Zucker aufkochen und erkalten lassen. Den so entstandenen Läuterzucker mit dem Amaretto und weiteren 200 g Wasser mischen.

Den Tortenboden zweimal quer durchschneiden. In einen 26er-Ring den ersten Boden einsetzen und tränken, mit einer Schicht Creme bestreichen. Cremeschicht mit Löffelbiskuits belegen (Zuckerseite auf die Creme) und kräftig tränken. Sobald die Biskuits weich sind, eine Schicht Creme auftragen. Den nächsten Boden aufsetzen und die Schichtung wiederholen. Den letzten Boden aufsetzen, den Ring entfernen und die Torte dünn mit der Creme einstreichen. 10 Min. kühlen. Torte nochmals dünn mit Creme einstreichen. Mit Krokant, Amarettini und 16 Creme-Rosetten verzieren.

Gleesli mid Schuss

[Gläschen mit Schuss]

für 6 größere oder 10 kleinere Gläser

Für den Schokoladenbiskuit:

- *70 g Marzipanrohmasse*
- *70 g Eigelb*
- *115 g Eiweiß*
- *115 g Zucker*
- *40 g Kakao*

Für die Kirschfüllung:

- *165 g Schattenmorellen aus dem Glas*
- *165 g Kirschsaft*
- *1 cl Kirschwasser*
- *8 g Speisestärke*
- *25 g Zucker*
- *etwas Zimt*

Für die Schokoladenmousse:

- *30 g Eigelb*
- *20 g Zucker*
- *60 g Milch*
- *65 g Sahne*
- *195 g dunkle Kuvertüre*
- *265 g Sahne, geschlagen*

Für die Kirschwassersahne:

- *400 g Sahne*
- *1 Pck. Sahnesteif*
- *etwas Kirschwasser*

Zum Schluss:

- *Kirschen und geraspelte Kuvertüre zur Garnitur*

Für den Biskuit Marzipan mit Eigelb schaumig schlagen. Eiweiß mit Zucker zu Schnee schlagen. Beides zusammenfügen, zuletzt Kakao unterheben. Masse auf ein viereckiges Blech streichen und bei 200° ca. 10 Min. backen.

Kirschen abtropfen lassen und den Saft auffangen. Saft mit den restlichen Zutaten aufkochen und erkalten lassen. Kirschen untermischen.

Für die Schokoladenmousse Eigelb und Zucker glattrühren. Milch und Sahne aufkochen und zur Eigelbmasse geben. Kleingehackte oder separat geschmolzene Kuvertüre zugeben, etwas abkühlen lassen und geschlagene Sahne unterheben. Für die Kirschwassersahne Sahne steif schlagen und mit Sahnesteif und Kirschwasser „binden“. Auf den Boden des Glases eine dünne Schicht Kirschen geben. Glas leicht schräg halten und Mousse einfüllen. Kühlen, bis sie angezogen ist. Biskuitboden einlegen (ausgestochen oder gebröselt) und mit Kirschwasser beträufeln. Kirschwassersahne darauf geben und Rosette aufspritzen. Mit Schokoraspeln und Kirsche garnieren.

Greäni wildi Kerli

[Grüne wilde Kerle]

für ca. 10 Stück

Für den Weizenvorteig:
- *100 g Weizenmehl*
- *50 g Dinkelmehl*
- *3 g Hefe*
- *90 g Wasser (lauwarm)*

Für den Hauptteig:
- *250 g Weizenmehl*
- *100 g Dinkelmehl*
- *240 g Wasser*
- *9 g Salz*
- *15 g Hefe*
- *30 g Senf*
- *150 g Blattspinat, zerkleinert*
- *40 g Käse, gerieben oder gewürfelt*

Für den Vorteig lauwarmes Wasser in eine Schüssel geben. Hefe hinein bröseln und mit dem Wasser verrühren. Mehl hinzugeben und alles zu einem glatten Teig kneten. Wird der Teig zu fest und nimmt er kein Mehl mehr auf, ein wenig Wasser nachgießen. Ist der Vorteig fertig geknetet, ein feuchtes Tuch darüber legen und 2-3 Std. ruhen lassen. Den Spinat herkömmlich kochen und über ein Sieb abschütten, damit das Wasser entweichen kann. Für den Hauptteig in eine größere Schüssel kaltes Wasser geben, Hefe hinein bröseln und verrühren. Senf, Salz, Mehl und Vorteig hinzufügen. Teig kneten (Wenn er zu weich ist, ein wenig Mehl hinzufügen. Ist er zu fest, einen Schluck Wasser hinzugeben). Kurz bevor der Teig fertig geknetet ist, Spinat und Käse hinzugeben.

Teig mit einem Tuch abdecken und für ca. 8-10 Std. bzw. über Nacht im Kühlschrank lagern.
Den Teig in ca. 100 g schwere Stücke aufteilen. Die Stücke rund und länglich spitz formen bzw. so rollen, dass der obere Teil dicker ist als das untere Ende. Darauf achten, dass die Stücke nicht zu lang und dünn werden, sondern lieber kleiner und dick. Die Teigstücke ca. 1 Std. ruhen lassen und danach als „Kerle“ in Form bringen. Flach drücken und mit einem Messer oder Teigspatel Arme und Beine schneiden. Vor dem Backen die Gebäckstücke bis zur vollen Gare (ca. doppelte Größe) stehen lassen. Bei 180° ca. 15-18 Min. backen.

Von der Disco in die Backstube

Klaus Zängerle *Bäckerei · Konditorei Zängerle Gottenheim*

Im Jahr 1996 übernahm der „aufgeweckte Kerl" mit seiner Frau im Heimatörtchen Gottenheim die Bäckerei von Wolfgang Bayer, bei dem er auch in die Lehre gegangen war. Bei diesem Meister der alten Schule erlernte Zängerle die Feinheiten des Bäcker- und Konditorenhandwerks, die sich heute in erlesenen Spezialitäten wie den „Holländern" – einem selten gewordenen Gebäck aus den 1950er Jahren – handgemachten Trüffeln oder den sagenhaft guten Ostereiern widerspiegeln. Seine „wilden Jahre" hatte Klaus Zängerle früher nebenher als DJ in Stuttgart und im Raum Freiburg. In dieser Zeit konnte es sein, dass er direkt von der Disco in die Backstube kam, dann allerdings der Erste und Fitteste war.

Heute ist Klaus Zängerle, nachdem er bereits für die Bäcker zuständig war, Mitglied der Prüfungskommission für Konditoren. Die handwerkliche Arbeit und der Service in seinem Beruf sind für ihn immer noch das A und O. Das schätzen nicht nur die Menschen am Tuniberg und Kaiserstuhl, sondern auch die Mitarbeiter der Deutschen Botschaft auf Kuba. Zweimal im Jahr wird für sie eine große Kiste voll Gottenheimer Landbrot, Laugenbrezeln und Schwarzwälder Schinken gepackt und über den Atlantik geschickt. Auch wenn die originelle Fracht manchmal fast eine ganze Woche unterwegs ist – die Empfänger sind jedes Mal „happy", herzhafte Grüße aus Baden genießen zu dürfen.

Warum Klaus Zängerle von seinem Lehrling als „cooler Chef" bezeichnet wird? Wahrscheinlich liegt es daran, dass der Bäcker- und Konditormeister sein Handwerk aus Überzeugung und mit großem Ernst, aber gleichzeitig auch mit einer gewissen Portion Lässigkeit ausübt, die jungen Leuten imponiert. Und vielleicht auch, weil er sich in seiner Freizeit gern auf seine Ducati setzt, sich den Wind um die Nase wehen lässt und mit 50 begann, E-Gitarre zu erlernen.

Bieneschdich

[Bienenstich]

Für den Belag:
- *150 g Butter*
- *100 g Zucker*
- *50 g Honig*
- *100 g Milch oder Sahne*
- *150 g Mandelblättchen*

Für den Hefeteig:
- *500 g Weizenmehl*
- *200 g Milch*
- *100 g Zucker*
- *100 g Butter*
- *1 Ei*
- *10 g Salz*
- *30 g Hefe*

Für die Füllung:
- *500 g Sahne*
- *1 Pck. Vanille-Puddingpulver*
- *500 g Milch*

Butter mit Zucker, Honig, Milch oder Sahne kochen, Mandelblättchen hinzufügen. Masse erkalten lassen. Teigzutaten miteinander verkneten, bis sich der Teig von der Schüssel löst. $^{1}/_{4}$ Std. gehen lassen. Teig ausrollen und auf ein hohes, gefettetes Backblech legen. Masse darauf streichen und nochmals $^{1}/_{2}$ bis $^{3}/_{4}$ Std. gehen lassen. Bei 200° ca. 20 Min. backen. Den abgekühlten Kuchen einmal quer durchschneiden. Aus Vanille-Puddingpulver und Milch nach Packungsanweisung einen Pudding zubereiten. Sahne steif schlagen und unter den abgekühlten Pudding rühren. Bienenstichmasse auf den unteren Boden streichen. Oberen Boden aufsetzen. Bienenstich in viereckige Stücke schneiden.

Flammendi Herze

[Flammende Herzen]

für ca. 8 Stück

- *400 g Butter*
- *180 g Puderzucker*
- *2 Eier*
- *550 g Weizenmehl*

- *400 g Nougat*
- *Fettglasur*

Die weiche, aber nicht flüssige Butter gut mit dem Zucker verrühren. Eier und Mehl hinzugeben. Mit einem Spritzbeutel (Sterntülle) spitz zulaufende Zickzackmuster auf ein mit Backpapier belegtes Blech spritzen. Bei 190° ca. 18 Min. backen. Abkühlen lassen.

Nougat im Wasserbad leicht erwärmen, bis er streichfähig ist. Die Unterseite von jeweils einem Gebäckstück mit Nougat bestreichen und ein zweites, passendes Gebäckstück daraufsetzen, so dass die geschwungene Seite oben ist. Kurz fest werden lassen. Fettglasur im Wasserbad erwärmen und die Herzen bis zur Hälfte darin eintauchen. Auf einem Kuchengitter abtropfen lassen.

Scheggili

[Fastnachtskrapfen]

für ca. 48 Stück

- *4 Eier*
- *250 g Zucker*
- *450 g Weizenmehl*
- *10 g Backpulver*
- *60 g gemahlene Mandeln*
- *Frittierfett (z.B. Biskin)*
- *Zimtzucker*

Eier und Zucker schaumig rühren. Mehl, Backpulver und Mandeln unterheben. Vom Teig Stücke à 240 g abwiegen. Zu 36 cm langen Rollen formen und diese in jeweils 3 cm breite Stücke zerteilen. Die Teigstücke zu daumendicken Rollen formen, die sich an den Enden leicht verjüngen. Portionsweise in dem auf 180° erhitzten Frittierfett backen und anschließend in Zimtzucker wälzen.

Tipp:

Die Form des auch als „Schenkele" bekannten süddeutschen Fastnachtsgebäcks lässt der Phantasie freien Lauf. Da der Teig ziemlich weich ist, sollte er am besten am Vortag zubereitet und im Kühlschrank aufbewahrt werden.

Klassische Grundrezepte

Halbweißbrot

1.000 g Weizenmehl (1050)
20 g Salz
40 g Hefe
620 g Wasser (30°)

Weizenmischbrot 70/30

700 g Weizenmehl (1050) 812
300 g Roggenmehl (1370) 1150
20 g Salz
40 g Hefe
650 g Wasser (30°)

Dinkelbrot

1.000 g Dinkel-Vollkornmehl
20 g Salz
40 g Hefe
650 g Wasser (30°)

Schrotbrot

400 g Roggenschrot (grob)
400 g Wasser
400 g Weizenschrot (fein)
200 g Weizenmehl (1050)
20 g Salz
30 g Hefe
250 g Joghurt

Roggenschrot und Wasser über Nacht quellen lassen

Leinsamenbrot

100 g Leinsamen*
800 g Weizenmehl (1050) 812
200 g Roggenmehl (1370) 1150
25 g Salz
40 g Hefe
500 g Wasser

*Leinsamen mit 200 g Wasser ca. 2 Std. quellen lassen

Mischbrot 50/50

500 g Weizenmehl (1050) 812
500 g Roggenmehl (1370) 1150
20 g Salz
30 g Hefe
700 g Wasser (30°)

Roggenmischbrot 70/30

700 g Roggenmehl (1370) 1150
300 g Weizenmehl (1050) 812
20 g Salz
30 g Hefe
250 g Joghurt
550 g Wasser

Weißbrot

1.000 g Weizenmehl (550) 405
20 g Salz
40 g Hefe
580 g Wasser

Sauerteigbrot

700 g Roggenmehl (1370)
200 g Weizenmehl (1050)
20 g Salz
30 g Hefe
200 g Sauerteig**
650 g Wasser

**200 g Sauerteig =
100 g Roggenmehl + 100 g Wasser

Wasserbrötchen

1.000 g Weizenmehl (550)
20 g Salz
15 g Fett
15 g Zucker
40 g Hefe
550 g Wasser (30°)

Kleines Bäckerlexikon

angeschobenes Brot – Brot, das beim Backen nicht allseitig frei auf der Herdfläche steht und dadurch stellenweise keine Rinde bekommt.

Anstellgut – auch: Anstellsauer, Ausgangsmaterial für die ->Sauerführung, das reich an entwicklungskräftigen Hefen und Säurebakterien ist. In der Regel wird das Anstellgut von der letzten reifen Sauerstufe abgenommen.

aprikotieren – Überziehen von Gebäckstücken mit Aprikosenkonfitüre vor dem Auftragen der Glasur, um vorzeitiges Absterben der Glasur (Kristallisation von Zucker) zu verhindern.

aufmachen – Auch: aufarbeiten; Arbeitsgang bei der Gebäckherstellung, um den reifen Teig in Teigstücke gleicher Größe, gleicher Beschaffenheit und gleicher Form zu verwandeln.

Ausbund – Rissbildung an vorgezeichneten Stellen der Gebäckrinde, an denen Teile des inneren Teigstücks sichtbar werden. Er soll die Oberfläche des Gebäcks vergrößern und damit das Gebäckaroma verstärken sowie dem Brot ein charakteristisches Aussehen verleihen.

Ausmahlungsgrad – Menge des ermahlenen Mehles in Hundertteilen des gereinigten Mahlgetreides. Dunkle Mehle mit viel Mehlkern haben einen hohen Ausmahlungsgrad, helle Mehle mit wenig Mehlkern einen niedrigen.

auswiegen – Erster Arbeitsgang des ->Aufmachens, um Brote von gleichem Gewicht zu erzielen. Beim Auswiegen sind das Brotgewicht und der Backverlust zu berücksichtigen.

Backferment – Natürliches Backtriebmittel mit wilden Hefen aus Honig. Hinzu kommen verschiedene Mehle (z.B. Weizenmehl, Maismehl, Erbsenmehl).

Brotfehler – Abweichungen von den Grundeigenschaften einwandfreier Brote, beruhend auf biologischen Ursachen oder falschen Maßnahmen während der Brotherstellung.

Bruch – Auch: Presse oder Ballen; Teigstück für Brötchen und Feinbackwaren, das in der Maschine weiter geteilt wird.

Croûte – franz. „Kruste“. Typisch französisches Gericht aus Blätterteig, Toast oder gerösteten Brotscheiben. Croûte gibt es in vielen Variationen.

Dauerbackwaren – Backwaren, deren Genießbarkeit durch längere und sachgemäße Lagerung nicht beeinträchtigt wird (z.B. Lebkuchen, Kekse, Waffeln, Zwieback).

Detmolder Einstufensauer – Einfache und rationelle Methode der Sauerführung, bei der nur noch eine Sauerstufe in 15 bis 20 Stunden über Nacht geführt wird. Je nach dem Säurebedarf des Teiges und der Backstubentemperatur wird der Detmolder Einstufensauer verschieden groß und mit verschieden großem –> Anstellgut bereitet.

einschießen – Auch: Schieben, Verbringen der gärreifen Teigstücke in den Backofen mit Hilfe eines –> Schiebers oder besonderer mechanischer Vorrichtungen, sogenannter Aufsetzapparate.

Fettglasur – Glasur von Speisefett und entöltem Kakaopulver. Da Fettglasur nachgemachte ->Kuvertüre ist, muss ausgeschildert werden, für welche Backwaren diese verwendet wurde. Für besondere Backwaren (z. B. Florentiner) ist eine Verwendung von Fettglasur untersagt.

Fondant – Zuckerprodukt von streichfähiger Konsistenz, das zur Füllung von Cremepralinen und als Fondantglasur zum Überziehen von Backwaren benutzt wird.

Formfehler –> Brotfehler, die die Brotform betreffen, z.B. ungleichmäßige, zu runde, zu flache Form u.v.a. Ursachen können die Rohstoffe, die Arbeitsweise oder der Backprozess sein.

freigeschoben – Dabei steht die Backware beim Backen allseitig frei auf der Herdfläche, so dass eine geschlossene Rinde entsteht. So ist die empfindliche Brotkrume besser geschützt, z.B. vor Schimmel.

Gärkorb – Auch: Brotformen, Backkörbe. Dienen als Gärgutträger für die -> Stückgare von Brotteig. Sie bestehen aus geflochtenem Stroh, genageltem Peddigrohr, Holzschliss oder Kunststoff.

Gärreife – Lockerungsgrad der Teigstücke, bei dem geschoben werden muss, um das größtmögliche Gebäckstück zu erreichen. Der Zustand wird an der Elastizität des Teigstücks durch leichten Druck mit dem Daumenballen ermittelt.

Gärunterbrechung – Aussetzen der Kohlensäurebildung in einem Hefeteig. Davon wird bei der Herstellung von Weißgebäck zuweilen Gebrauch gemacht, indem man die Teigstücke auf Temperaturen beim Gefrierpunkt oder auch tiefer abkühlt und so bis zu 24 Stunden, gelegentlich auch länger, aufbewahrt. Danach werden die Teigstücke warmgestellt, um die Kohlensäurebildung wieder in Gang zu bringen. Die Gärunterbrechung ermöglicht eine bessere Einteilung der Backstubenarbeit.

Gebildbrote – Gebäcke in Form figürlicher Darstellungen (Mensch, Hase, Vogel u.v.a.), geometrischer Formen oder kunstvoller Teigflechtungen. Sie waren ursprünglich Opfer- und Weihegaben sowie Geschenke bei besonderen Anlässen.

glasieren – Gebäcke mit Glasur überziehen.

Glukosesirup – Auch: Stärkesirup, Bonbonsirup, Maissirup. Aus Stärke durch enzymatische Aufspaltung gewonnene, eingedickte Lösung, die aus Glukose (Traubenzucker) und Fruktose (Fruchtzucker) besteht.

Graubrot – Nicht ganz einheitlich gebrauchte Bezeichnung für Mischbrote verschiedener Art, meist Roggenmischbrote.

Kleingebäck – Alle Backwaren mit Stückgewichten unter 250 g. Sie werden meist von Weizenteigen, seltener von roggenmehlhaltigen und gesäuerten Teigen hergestellt.

Kochstück – Auch: Brühstück. Verfahren, bei dem am Vortag ein Teil des Mehles mit Wasser aufgekocht wird, damit mehr Wasser gebunden wird. So bleibt das Brot länger frisch, aromatisch und bekömmlich.

Kommißbrot – Von Roggenmehl 85 %-iger Ausmahlung (Type 1370) ->angeschoben gebackenes Brot. Bis 1945 war Kommißbrot das Standardbrot der deutschen Truppenverpflegung. Wegen seines vollen Geschmacks und seiner langen Frischhaltung wird es immer noch gern gegessen.

Krume – Das lockere, elastische Innere eines Brotes, das von der Kruste umgeben wird. Von der Krume hängt der Nährwert des Brotes ab.

Kruste – Der äußere, feste Teil des Brotes, der die Krume umgibt. Hat entscheidenden Einfluss auf die Aromabildung.

Kuvertüre – Schokoladen-Überzugmasse von höchstens 50 Hundertteilen Zucker, mindestens 33 Hundertteilen Kakaomasse und insgesamt mindestens 35 Hundertteilen Kakaobutter.

Läuterzucker – Durch Auflösen, Aufkochen, Abschäumen und Eindicken gewonnene Zuckerlösung für Arbeiten in der Konditorei.

Langmachen – Arbeitsgang beim Formen der Teigstücke. Durch das Langmachen bekommen die rundgewirkten Teigstücke eine längliche Form und meistens auch einen ->Schluss.

Mehrkornbrot – Brot, zu dessen Herstellung außer Weizen und Roggen noch andere Getreide wie Gerste, Hafer, Hirse u.a. verwendet werden.

Mischbrot – 1. allgemein: Brot, das von Mischungen aus Roggen- und Weizenmehlen gebacken und je nach dem überwiegenden Mehlanteil Roggen-Mischbrot oder Weizen-Mischbrot genannt wird. 2. im Besonderen:

Brot, das aus einer Mischung aus je 50 Teilen Roggen- und Weizenmehl gebacken wird.

Nachsteifen – Verfestigung des Teiges durch weitere Wasserbindung während der Teigruhe.

Natursauerteig – Natürliches Backmittel aus Roggenmehl und Wasser, das in drei Stufen zum Vollsauer herangeführt wird. Vergärung und Teigsäuerung durch im Teig aktive Mikroorganismen (Milchsäurebakterien und Hefen).

Pain Paillasse – Patentierte, oft kopierte Schweizer Brotspezialität aus einer eigens entwickelten Mehlmischung mit besonders großporiger Krume und intensivem Geschmack. Durch seine lange Gärzeit bleibt es mehrere Tage frisch und behält dabei sein volles Aroma.

Pain Surprise – franz. „Überraschungsbrot". Dabei wird das Innere des Brotes herausgelöst, in unterschiedlichster Weise belegt und wieder in die Brotkruste eingefügt. Es soll den Anschein erwecken, ein unbeschädigtes Brot vor sich zu haben.

Plunder – Durch Einziehen von Fett nach Art des Blätterteigs aus Hefeteigen hergestelltes Gebäck, das teils durch Kohlensäure der Hefe, teils durch Wasserdampf gelockert wird. Man unterscheidet zwischen dem bescheideneren deutschen und dem fettreicheren dänischen Plunder.

Quellstück – Teil der Teigbereitung bei Broten von grobem Schrot. Für das Quellstück werden bis zu 25 % und mehr des Schrotes mit kaltem Wasser über Nacht eingeweicht, damit die Wasseraufnahme des Teiges verbessert und Mängel durch dessen ->Nachsteifen verhindert werden.

Riefkamm – Gezähntes Hörnchen, das als Werkzeug zum Dekorieren von Backwaren mit Glasuren dient.

Rösche – Frischemerkmal. Die elastische Kruste, die auf Druck mit einem Splittern und hörbaren Knistern reagiert, ist das Hauptmerkmal der Rösche.

Sauerführung – Herführung des Teiges aus einem -> Anstellgut in einer oder mehreren Stufen.

Schieber – Arbeitsgerät zum Einbringen der reifen Teigstücke in den Backofen sowie zum Umsetzen und Ausbacken der Brote.

Schießer – Arbeitsposten in der Bäckerei, dem die Ofenarbeit (-> Einschießen, Umsetzen und Ausbacken) obliegt.

Schlinggebäck – Durch Schlingen eines einzelnen Teigstranges geformte Backwaren (z.B. Brezel).

Schlüterbrot – Spezialbrot, für das die Beigabe eines in besonderem Verfahren aufgeschlossenen Kleiemehles typisch ist.

Schluss – Beim Rundwirken und ->Langmachen von Teigstücken entstehende Naht in der Oberfläche des Teigstücks. Der Schluss ist besonders empfindlich gegen steigenden Druck im Inneren bei unsachgemäßer Arbeit.

Schmand – Auch Schmant oder Schmetten, ist ein fettreiches Milchprodukt aus Sahne, ursprünglich einfach nur sauer gewordene Sahne.

Schwadengabe – Unter dem Schwaden versteht man den in den Backofen eingeführten Wasserdampf. Dieser wird beim Einschieben der ->Teiglinge in den Herd gegeben.

Schwiddel – Großer Pinsel, mit dem man das Brot vor und/oder nach dem Backen mit Wasser abstreicht. So erhält das Brot seinen Glanz.

Stikkenofen – Auch: Backschrank; aus Skandinavien stammender Backofentyp, dessen Heizung durch umgewälzte Heißluft erfolgt und in dem die Teigstücke auf einem rotierenden, fahrbaren Schragen, sogenannten Stikken, gebracht werden, mit dem sie bereits im Gärraum standen und nach dem Ausbacken ins Brotlager transpotiert werden. Diese Technik erspart einiges an Arbeit.

Stückgare – letzte Ruhe- und Reifephase vor dem Backen.

Teigführung – Behandlung des Teiges nach Festigkeit, Temperatur und Zeit, um eine optimale Teigreife zu erreichen.

Teigling – Fertiger, schon zu Gebäck, Brötchen o. Ä. geformter Teig, der nur noch gebacken werden muss.

Teigruhe – Zeit vom Stillsetzen der Knetmaschine bis zum –>Aufmachen der Teige. Während der Teigruhe soll sich der Teig noch weiter entwickeln (–>Nachsteifen).

Teigteilrundwirkmaschine – Kombination einer Teigteilmaschine mit einer --> Wirkmaschine für Weißgebäck, die als halbautomatische und als vollautomatische Maschine vielfach in Gebrauch ist. Bei der halbautomatischen Maschine wird die Teilung von Hand und nur das Wirken mit Motorkraft, bei der vollautomatischen Maschine beides mit Motorkraft besorgt.

Toter Teig – Teig ohne Triebmittel, der beim Backen nicht aufgeht. Besonders geeignet für Modelgebäck.

tourieren – Arbeitsgang bei der Herstellung von Blätter- und Plunderteigen, der mehrmals wiederholt wird und darin besteht, dass der Teig ausgerollt und zu einer Einfachen oder Doppelten Tour zusammengelegt wird.

Trockenhefe – Durch schonenden Wasserentzug im Vakuum haltbar gemachte Hefe.

Trockensauer – Mehl- und pulverförmige Teigsäuerungsmittel.

Type (Mehltype) – Maßzahl für den Aschegehalt und den ungefähren Ausmahlungsgrad der Mehle. Die Mehltype ist der tausendfache Aschegehalt in der Trockensubstanz der Mehle und in Deutschland seit 1934 zur Charakterisierung der Mehle in Brauch.

Überknetung– Schädigung der elastischen und plastischen Teigeigenschaften durch zu lange Knetung der Teige.

untermelieren – Mehl und weitere puderförmige Zutaten langsam unterrühren.

Vollei – Der gesamte Inhalt des Hühnereis, bestehend aus Eiklar und Eidotter.

Vorteig – Gemisch von teigartiger Beschaffenheit aus Mehl, Wasser oder Milch und Hefe, gelegentlich auch einem Teigsäuerungsmittel. Vorteige sind Teige der Indirekten Führung, um bestimmte Leistungen des Teiges (Enzymwirkungen, Hefevermehrung) zu erreichen.

Weinstein – Das saure Kaliumsalz der Weinsäure, das sich aus gärendem Wein abscheidet und Ausgangsmaterial für die Gewinnung von Weinsäure ist. Geeignet als Backtriebmittel.

Wiener Masse – Warm aufgeschlagene Biskuitmasse mit Zusatz von flüssiger Butter.

Wirken – Zweiter Arbeitsgang des –>Aufmachens. Er besteht aus einem von außen nach innen gerichteten und seitlich fortschreitenden Druck auf das Teigstück. Dabei dreht sich das Teigstück unter der Hand des Bäckers oder in der Maschine, wird innerlich gleichartig und bekommt eine Spannung.

Wirkmaschine – Maschinell angetriebene Vorrichtung zum Einsparen der zeitraubenden Arbeit für das Rundwirken von Teigstücken vor dem Formen. Die Arbeitsweise beruht bei Kleingebäck auf exzentrisch bewegten Tellern oder Schalen, bei Brot auf rollenden Bewegungen des Teigstückes zwischen bewegten Zylindern oder Kegeln einerseits und Führungsleisten andererseits oder zwischen entgegengesetzt laufenden Bändern.

Zuckerkulör – Durch Auflösen von Karamel in Wasser gewonnene Zuckerfarbe, die zum Färben von Lebensmitteln gebraucht wird.

Zwieback – Knusprige Dauerbackware aus süßem Hefeteig, die erst in länglicher oder runder Form gebacken, später geschnitten und geröstet wird.

Bereit.

Geschafft.

Schneegestöber.

Glatte Sache.

Kopenhagener vorher.

Nachher.

Zwetschgenzeit.

Süße Schildkröten.

Ganz schön flott.

Angekommen.

Ein heißer Tipp...

...sind die Bäckereien und der Mühlenladen, deren Adressen Sie auf den folgenden Seiten finden. In jedem dieser Betriebe freut man sich darauf, mit erstklassigen Produkten und fachlicher Beratung für Sie da zu sein.

Qualität aus Erfahrung
BARLEON
BÄCKEREI
KONDITOREI
CAFE

Wir sind eine seit 1928 familiengeführte Handwerksbäckerei. Qualität zu produzieren, ist unser Anspruch. Unsere regionalen Spezialitäten sind sehr beliebt und unser Café mit großer Außenterrasse bietet einen erholsamen Aufenthalt. Wir freuen uns auf Ihren Besuch.

Backwaren nach alter Handwerkstradition ✤ *Feines aus der Konditorei*
Pralinen aus eigener Herstellung ✤ *Eis aus eigener Herstellung*
Hochzeits- und Festtagstorten

Markgrafenstraße 5 *Tel. 07663/1275* *info@barleon.com*
79268 Bötzingen *Fax 07663/58 37* *www.barleon.com*

Dick
Bäckerei | Konditorei | Café

Die Bäckerei Dick wurde 1965 von Friedrich & Rosemarie Dick gegründet. 1994 übernahmen Michael & Monika Dick die Bäckerei. Michael Dick sammelte nach seiner Bäckerausbildung Erfahrungen in München und Berlin. 1984 erhielt er den Titel des Meisters und 1993 den Betriebswirt des Handwerks.

- *Alle Backwaren werden selbst und frisch hergestellt*
- *Es werden keine Backmischungen/Teiglinge zugekauft*
- *Es werden kontinuierlich junge Menschen ausgebildet*
- *Es wird höchsten Wert auf Handarbeit gelegt*

Hindenburgstr. 80 *Tel. 07666-4155* *info@baeckerdick.com*
79211 Denzlingen *Fax 07666-7277* *www.baeckerdick.com*

FÜTTERER
Bäckerei Konditorei

1956 von Max Fütterer in Elzach gegründet, ist unser traditionsreicher Bäckereibetrieb mittlerweile in Elzach, Kollnau, Waldkirch, Gundelfingen und Freiburg mit Qualitätsbackwaren vertreten.

- *Alle Backwaren werden noch von Hand gefertigt*
- *Sonderanfertigungen und Schokoladearbeiten sind bei uns erhältlich*
- *Café-Ausschank, zum Teil mit Sitzmöglichkeiten, rundet unser Angebot ab*

Nikolausstraße 4 *Tel. 07682/280*
79215 Elzach *Fax 07682/922304* *matthiasfuetterer@arcor.de*

BÄCKEREI
Gerber

Bio Elzkorn Marktgemeinschaft

Wir fertigen in unserer Bäckerei in Freiamt nach bewährter handwerklicher Tradition und mit viel Liebe zum Detail gesunde und leckere Backwaren für Sie.
Unsere Bio-Backwaren werden aus hochwertigen Rohstoffen aus biologischem Anbau hergestellt.

BIO nach EG-Öko-Verordnung

Jeden Dienstag ab 14 Uhr Holzofenbrot. Mittwochs ganztags geschlossen.

Backwaren nach alter Handwerkstradition ✤ *Partygebäck*
Backwaren in Bio-Qualität ✤ *23 Jahre Bio-zertifiziert*

Freihof 4 *Tel. 07645/1373* *baeckereigerber@aol.com*
79348 Freiamt *Fax 07645/1371* *www.baeckerei-gerber.de*

Mit Stolz führen wir seit 01.02.2011 die Traditionsbäckerei/Konditorei sowie das Café am „Pfaffeneck" im Herzen von Kirchzarten und unsere 3 Filialen in Freiburg.

Backwaren nach alter Handwerkstradition
Feines aus der Konditorei ❧ *Hochzeits- und Festtagstorten*
Partygebäck

Hauptstraße 1	*Tel. 07661/1730*	*stephangrossmann@online.de*
79199 Kirchzarten	*Fax 07661/62317*	*www.baeckerei-grossmann.de*

Lebendige Backtradition – modern weiterentwickeln – das war die Idee von Heinrich Jenne, als er 1997 die elterliche Bäckerei in der 4. Generation übernahm. Der seit 1884 traditionell geführte Familienbetrieb mauserte sich von damals 1 Mitarbeiter zu heute 20 Mitarbeiter/innen und ist seit 1993 Bioland-zertifiziert.

Wir sind Spezialist in der Verarbeitung von Dinkel und Roggen.
Laktosefrei – hefefrei – vegan.

Backwaren nach alter Handwerkstradition ❧ *Großes Vollkornbrotsortiment*
Aktionen für Kinder

Grienerstraße 3	*Tel. 07642/7633*	*info@jenne-baeckerei.de*
79346 Endingen	*Fax 07642/2855*	*www.jenne-baeckerei.de*

Seit 1859 ist die Bäckerei Herr am Marktplatz in Waldkirch ansässig. Im Mai 1999 erfolgte die Übergabe an Bäckermeister Matthias Klausmann. Das „täglich Brot" von der Bäckerei Herr ist sowohl bei den Waldkirchern wie auch bei den Feinschmeckern aus dem Umland sehr beliebt.

Gelebte Handwerkstradition
Großes Vollkornbrotsortiment ❧ *Backwaren in Bio-Qualität*
Bio-Elzkorn-Marktgemeinschaft ❧ *Rohstoffe aus der Region*

Marktplatz 10	*Tel. 07681/6210*	*baeckerei-herr@arcor.de*
79183 Waldkirch	*Fax 07681/478597*	*www.baeckerei-herr.de*

Bäckerei Lay – Die Familienbäckerei mit Herz!
Wir sind ein Familienbetrieb und widmen uns seit mehr als 100 Jahren der Backkunst. Aus Freiburg und Umgebung sind wir nicht mehr wegzudenken und den meisten Freiburgern ein Begriff. Wir sind Bäcker aus Leidenschaft und erledigen unsere tägliche Arbeit mit viel Herz und Freude, was sich sowohl in unseren leckeren Köstlichkeiten als auch im Kontakt mit unseren Kunden widerspiegelt. Kommen Sie in unser Hauptgeschäft in der Unterwiehre oder in unsere Filiale am Forum in Merzhausen und überzeugen Sie sich selbst!

Backwaren nach alter Handwerkstradition ❧ *Partygebäck*
Großes Brotsortiment ❧ *Spezialist für Laugenteile*

Bayernstr. 2	*Tel. 0761/404609*	*info@baeckerlay.de*
79100 Freiburg	*Fax 0761/4097339*	*www.baeckerlay.de*

Seit 1896 fertigt die Bäckerei Lienhart in Freiburgs Innenstadt Backwaren nach handwerklicher Tradition. Auch für die vierte Generation ist diese Tradition und der Dienst am Kunden selbstverständlich.

Backwaren aus handwerklicher Tradition · *Feines aus der Konditorei*
Großes Vollkornsortiment · *6 x in Freiburg*

Schwabentorring 3
79098 Freiburg
Tel. 0761/33768
Fax 0761/286403
info@baeckerei-lienhart.de
www.baeckerei-lienhart.de

Die Bäckerei Konditorei Michelbach wurde 1982 von Jürgen Michelbach gegründet. In der angrenzenden Backstube werden Brot, Brötchen, Feingebäck, Kuchen und Torten hergestellt. Dabei wird viel Wert auf Qualität gelegt. Aus diesem Grund wird bei vielen Broten auf Backmittel verzichtet und stattdessen mit Natursauerteig gebacken.

Backwaren nach alter Handwerkstradition
Nudeln aus eigener Herstellung · *Partygebäck*

Gutgesellentorplatz 10
79206 Breisach
Tel. 07667/ 6939
Fax 07667/7671
www.baeckerei-michelbach.de

„Mein Bäcker in Freiburg"

Seit mehr als 100 Jahren verwöhnt die Handwerksbäckerei Pfeifle die Schwarzwaldmetropole mit urigem Brot, knusprigen Brötchen und feinstem Gebäck. Hergestellt mit Liebe zum Bäckerhandwerk und mit Leidenschaft für kreative Backkultur.
Das Ergebnis: einzigartige Genusserlebnisse – täglich frisch aus der Backstube in Haslach.

„Von Hand geformt – auf Stein gebacken"
Backwaren nach alter Handwerkstradition · *Gebacken in Natur-Tuffsteinöfen*

Carl-Kistner-Str. 20
79115 Freiburg
Tel. 0761/479100
Fax 0761/4791050
info@baeckerei-pfeifle.de
www.baeckerei-pfeifle.de

Seit 1850 besteht unsere Bäckerei mit ihrem guten Namen in der Region.
Weit über Bötzingen hinaus sind wir mit unserem Holzofenbrot und dem Vollkornbrot aus biologischem Getreide mit sämtlichen Bestandteilen des vollen Korns bekannt. Unser Buttergugelhupf nach Großmutters Rezept und unsere riesigen Hefe- und Nusszöpfe sind seit Jahren ein Geheimtipp im Ländle.

Backwaren nach alter Handwerkstradition · *Partygebäck*
Großes Vollkornbrotsortiment · *Große Snack-Auswahl*

Hauptstraße 64
79268 Bötzingen
Tel. 07663/1250
Fax 07663/99387
Rinklin-Beck@web.de

Seit 1887 ist unsere Dorfbäckerei im Besitz der Familie Ritter. Vielfache Medaillen-Auszeichnungen und die Tatsache, von der Zeitschrift „Der Feinschmecker" zum 3. Mal in Folge zu den 600 besten Bäckereien Deutschlands gewählt worden zu sein, sind uns Ansporn, unsere Kunden täglich mit schmackhaftem Brot und feinen Backwaren zu verwöhnen.
In unserem Holzbackofen backen wir wie vor 100 Jahren. Altüberlieferte Rezepte geben unserem Holzofenbrot den letzten Schliff. Wo findet man das heute noch?

Badische Backkultur nach alter Handwerkstradition · *Holz-/Steinofenbäckerei*
Wir stehen für Qualität - regional, natürlich und ursprünglich

Freiburger Str. 9
79279 Vörstetten
Tel. 0 76 66/27 45
Fax 0 76 66/91 20 48
info@dorfbaeckerei-ritter.de
www.dorfbaeckerei-ritter.de

Unseren Familienbetrieb gibt es seit gut 30 Jahren, seit 10 Jahren in zweiter Generation. Wir legen noch Wert auf Handarbeit, traditionelle Herstellung und familieneigene Rezepturen!

Backwaren nach alter Handwerkstradition · *Feines aus der Konditorei*
Hochzeits- und Festtagstorten · *Partygebäck*
Große Snack-Auswahl · *Café mit 50 Sitzplätzen*

Hauptstraße 27
79359 Riegel
Tel. 07642/15 16
Fax 07642/45271
mirco_roesch@web.de

Bäckerei
Konditorei
Café

Unsere Backstube befindet sich direkt hinter dem Laden, so dass man hier noch die frischen Backwaren riecht und unsere Produkte von hier aus sofort zum Verkauf kommen.
Traditionelles Backhandwerk und beste Zutaten garantieren leckere Backwaren, die zur gesunden Ernährung beitragen. Bei den jährlichen Brotprüfungen unseres Verbandes haben wir stets ausgezeichnete Ergebnisse erzielt.

Backwaren nach alter Handwerkstradition · *Feines aus der Konditorei*
Nudeln aus eigener Herstellung · *Eis aus eigener Herstellung*
Hochzeits- und Festtagstorten · *Café mit 30 Sitzplätzen*

Endinger Str. 38
79369 Wyhl
Tel. 07642/7164
Fax 07642/1012
alfredschwab@t-online.de
www.baeckerei-schwab.de

Seit 1898 sind wir für Sie da! Bei uns kommen die Backwaren direkt aus der Backstube und nicht aus dem Lieferwagen in den Laden. Nach alten und neuen Rezepten bieten wir Ihnen täglich ein reichhaltiges Angebot an Brot und Brötchen, Kuchen und allerlei Kleingebäck an.
Neben einer großen Auswahl an Nudeln führen wir Süßigkeiten, Erfrischungsgetränke und verschiedene Tchibo-Kaffeesorten.
Außerdem erhalten sie bei uns jeden Morgen die druckfrische Zeitung.
Gönnen Sie sich in unserem Steh-Café eine Pause!

Backwaren nach alter Handwerkstradition · *Partygebäck*
Großes Vollkornbrotsortiment · *Große Snack-Auswahl*

Dielenmarktstr. 3
79346 Endingen
Tel. 07642/1521
info@baeckereischwehr.de
www.baeckereischwehr.de

Quellenverzeichnis:

6000 Jahre Brot, Bioverlag Gesundleben Hopferau, 1954; IREKS-ABC der Bäckerei Kulmbach/Hannover, 1971; Bäckereimuseum Vörstetten, Walter Leimenstoll, 2000; Museum der Brotkultur, Ulm; Zentralverband des Deutschen Bäckerhandwerks e.V., wikipedia.de; mbhorn4.de; brotdoc.com; enzyklo.de; naturkost.de; paillasse.de; chefkoch.de; diebackstube.de; kochmeister.com; lebensmittellexikon.de; duden.de; baeckerlatein.de

Bildnachweis:

Titel	© magdal3na, fotolia.de
Innentitel	© unpict, fotolia.de
Paginierung	Wellholz © rdnzl, fotolia.de
Seite 6	Archiv Familie Rinklin
Seite 7	6000 Jahre Brot, Bioverlag Gesundleben
Seite 8	6000 Jahre Brot, Bioverlag Gesundleben
Seite 9	Gemälde, Museum der Brotkultur, Ulm
Seite 10	Bäckereimuseum Vörstetten, Walter Leimenstoll
Seite 12	Brot © Hetizia, fotolia.de
Seite 13	Brötchen © kab-vision, fotolia.de
Seite 19	Nüsse © Tim UR, fotolia.de
Seite 20	Fähnchen © Daniel Schweinert, fotolia.de
Seite 24	Löffel © Schwoab, fotolia.de
Seite 27	Florenz © Konstantin Kulikov, fotolia.de
Seite 27	Mandeln © margo555, fotolia.de
Seite 29	Mehl/Eier © seen, fotolia.de
Seite 31	Ähre © Okea, fotolia.de
Seite 36	Zitronen © alexlukin, fotolia.de
Seite 37	Joghurtlöffel © Viktor, fotolia.de
Seite 40	Sauerteig © serenacar , fotolia.de
Seite 41	Olivenöl © Angel Simon, fotolia.de
Seite 43	Margarite © Anatolii, fgotolia.de
Seite 45	Kornschaufel © marcoemilio, fotolia.de
Seite 47	Pfirsich © margo555, fotolia.de
Seite 48	Brokkoli © PhotoEd, fotolia.de
Seite 49	Schokolade © Meliha Gojak, fotolia.de
Seite 51	Zwieback © alain wacquier, fotolia.de
Seite 53	Kirschkorb © eyetronic, fotolia.de
Seite 56	Trockenobst © womue, fotolia.de
Seite 61	Freiburg © katatonia, fotolia.de
Seite 63	Walnüsse © Pictures news, fotolia.de
Seite 65	Archivbild, Adalbert Sexauer
Seite 65	Anis © Pictures news, fotolia.de
Seite 65	Springerle © Marina Lohrbach, fotolia.de
Seite 67	Brotteig © deepvalley , fotolia.de
Seite 68	Schinken © ulkan, fotolia.de
Seite 69	Blume © Elenathewise, fotolia.de
Seite 71	Ähren © Diana Taliun, fotolia.de
Seite 73	Nüsse © cherries, fotolia.de
Seite 75	Ei © lichtaloh, fotolia.de
Seite 76	Bananen © Buriy, fotolia.de
Seite 87	Biene © Anatolii, fotolia.de
Seite 90	Notizen © picsfive, fotolia.de
Seite 90	Brot © Scisetti Alfio, fotolia.de
Seite 90	Leinsamenbrot © UMA, fotolia.de
Seite 91	Brötchen © Niko, fotolia.de
Seite 91	Brot © Scisetti Alfio, fotolia.de
Seite 91	Notizen © picsfive, fotolia.de
Seite 106	Backwaren © slavomir pancevac, fotolia.de
Seite 111	Getreidefeld © froxx, fotolia.de

Alle weiteren Fotos: Christa Rinklin

Impressum:

Konzept, Text, Redaktion: Christa Rinklin

Gestaltung: ce-bra – atelier für werbung
Annette Pfau, Bötzingen

Fotografie: (siehe Bildnachweis)

Gesamtherstellung: LAVORI VERLAG, Freiburg i. Br. 2014

Druck: Druckerei Weis GmbH, Haus zur Medienwirtschaft, Freiburg i.Br.

Unser Dank für vielfältige Unterstützung gilt Manfred Breisacher, Gustav und Ruth Danzeisen, Bettina Engler, Nathalie Großklaus, Beate Herchenbach, Klaus Hornecker, Christian Kaiser, Familie Kirkus, Walter Leimenstoll, Mühlenverein Umkirch, Elmar und Elfriede Müller, Stephan Ortolf, Christa und Eberhard Schneider, Bernard Prigge und Hans Schöberl.

Hinweis:
Dieses Buch erhebt keinen Anspruch auf Vollständigkeit, sondern gibt nur eine Auswahl der Bäckereien in der Region wieder.

Christa Rinklin
Wildi Zit
Jäger
Wild
Rezepte

Christa Rinklin
Kuchigeischter
Obst
Brände
Rezepte